| 博士生导师学术文库 |

A Library of Academics by
Ph.D. Supervisors

增能与赋权：

城市社区治理智能化研究

王法硕 著

光明日报出版社

图书在版编目（CIP）数据

增能与赋权：城市社区治理智能化研究 / 王法硕著. --北京：光明日报出版社，2022.9
ISBN 978-7-5194-6792-0

Ⅰ.①增… Ⅱ.①王… Ⅲ.①智能技术—应用—城市—社区管理—研究—中国 Ⅳ.①D669.3-39

中国版本图书馆 CIP 数据核字（2022）第 164360 号

增能与赋权：城市社区治理智能化研究

ZENGNENG YU FUQUAN: CHENGSHI SHEQU ZHILI ZHINENGHUA YANJIU

著　　者：王法硕

责任编辑：许　怡　　　　责任校对：蔡晓亮
封面设计：一站出版网　　责任印制：曹　净

出版发行：光明日报出版社
地　　址：北京市西城区永安路 106 号，100050
电　　话：010-63169890（咨询），010-63131930（邮购）
传　　真：010-63131930
网　　址：http://book.gmw.cn
E - mail：gmrbcbs@gmw.cn
法律顾问：北京市兰台律师事务所龚柳方律师

印　　刷：三河市华东印刷有限公司
装　　订：三河市华东印刷有限公司
本书如有破损、缺页、装订错误，请与本社联系调换，电话：010-63131930

开　　本：170mm×240mm
字　　数：177 千字　　　　印　　张：15.5
版　　次：2022 年 9 月第 1 版　　印　　次：2022 年 9 月第 1 次印刷
书　　号：ISBN 978-7-5194-6792-0

定　　价：95.00 元

目　录
CONTENTS

第一章　绪论：城市社区治理迈入智能化时代

第一节　问题的提出

近年来，随着互联网、移动互联网、大数据、物联网、云计算、人工智能、区块链等新一代信息技术的飞速发展和广泛应用，第四次工业革命以前所未有的态势席卷而来，人类社会正面临“百年未有之大变局”，人类社会生活的方方面面将发生巨大变革。第四次工业革命不仅仅改变了人类的生产生活方式，也深刻地改变了社会资源的配置方式、社会组织的运行模式和管理体系，形成了区别于以往的技术环境和人类社会经济系统的全新运行状态。这一革命性变革，将从速度、深度、广度上对各行各业产生重大影响，也将深刻地改变政治、经济、科技和文化，影响公众、企业、政府、社会组织等多元社会主体的行为方式。第四次工业革命不仅仅是一场技术革命和经济革命，也是一场深刻的社会治理革命。政府对信息技术的采用和适应性改革创新成为第四次工业革命发展进程中令人瞩目的现象，而中国运用新一代信息通信技术改进国家治理和社会治理的创新实践已经走在了世界的前列。①

党的十九大报告提出提高社会治理社会化、法治化、智能化、专业化水平。其中，提高社会治理智能化水平是以习近平同志为核心的党中央立足时代前沿、把握发展大势、带领人民共创美好未来的具体体现，也是打造共建共治共享社会治理格局的有力抓手。② 提高社会治理智能化水平、实现以智能化推动社会治理现代化是一项系统工程，将推动我国传统社会治理模式逐步向社会治理智能化模式转型。城乡社区是我国社会治理的基本单元。城乡社区治理事关党和国家大政方针贯彻落实，事关居民群众切身利益，事关城乡基层和谐稳定。近年来，党中央、国务院针对在基层社区治理中积极探索应用智能化技术做出了一系列部署和要求。2017 年 6 月，中共中央、国务院印发的《关于加强和完善城乡社区治理的意见》中提出：要增强社区信息化应用能力，提高城乡社区信息基础设施和技术装备水平。实施“互联网+社区”行动计划，加快互联网与社区治理和服务体系的深度融合。积极开发智慧社区移动客户端，务实推进智慧社区信息系统建设。运用微博、微信、移动客户端等新媒体探索网络化社区治理和服务新模式。2019 年 10 月，党的十九届四中全会审议通过的《中共中央关于坚持和完善中国特色社会主义制度、推进国家治理体系和治理能力现代化若干重大问题的决定》中

---

① 米加宁，章昌平，李大宇，等．“数字空间”政府及其研究纲领——第四次工业革命引致的政府形态变革［J］．公共管理学报，2020（1）：1-17，168.

② 袁方．提高社会治理智能化水平［N］．人民日报，2018-06-20.

首次将科技支撑作为社会治理体系的组成部分，同时特别强调社会治理重心向基层下移。2021 年 7 月，中共中央、国务院印发的《关于加强基层治理体系和治理能力现代化建设的意见》中提出：加强基层智慧治理能力建设。建设开发智慧社区信息系统和简便应用软件，提高基层治理数字化、智能化水平，提升政策宣传、民情沟通、便民服务效能，让数据多跑路、群众少跑腿。

近年来，我国各地不少城市社区已经应用移动互联网、大数据、云计算、物联网、人工智能等新一代信息技术开展了形式多样的社区治理创新探索，取得了显著成效。渠敬东等学者在总结中国改革经验时提出，改革的逻辑体现在改革前总体性支配权力被一种技术化的治理权力所替代，从中可以理解“中国经验”的独特意味。① 与国家治理的转型逻辑类似，在近年来的基层治理实践中，作为技术治理最突出代表的数字化与智能化技术对传统我国社区治理模式带来了变革性影响。特别是党的十九大以来，伴随着形式多样的社会治理智能化探索在中国各地的迅速开展，并向基层不断下沉和延伸，作为国家与社会治理“最后一公里”的社区治理同样正经历着新一代信息技术驱动的智能化转型，成为第四次工业革命在基层治理实践中的生动呈现。

本书认为，社会治理智能化建设在我国社区层面的不断推进和探索催生了形式多样的社区治理智能化创新实践。伴随着新一代信息技术在社区层面的应用，我国城市社区治理已经迈入智能化时代。例如，有的社区在网格化管理平台的基础上建立了能够实现社区问

① 渠敬东，周飞舟，应星．从总体支配到技术治理——基于中国 30 年改革经验的社会学分析［J］．中国社会科学，2009（6）：104-127.

题智能感知和报警的“社区大脑”平台，有的社区基于社交媒体开发了能够实现社区公共事务在线互动参与的智能化平台——“社区通”，有的社区应用大数据、物联网与人工智能技术打造了智慧社区和“AI社区”。遗憾的是，相对于百花齐放的城市社区治理智能化创新实践，理论界对这一现实热点问题的关注、回应和思考明显滞后。基于上述背景，本着问题导向的研究思路，本书尝试回答以下几个理论与实践问题：城市社区治理智能化的内涵与特征是什么？当前我国城市社区治理智能化探索有哪些类型？不同治理类型的特征、效果和内在逻辑是什么？如何把握和解决城市社区治理智能化发展中遇到的瓶颈和困境？作为一项社区治理领域的探索性研究，本书基于国家与社会关系、数字治理、公民参与、行动者网络等理论，结合对我国若干城市社区治理智能化实践案例的实证调研，尝试对上述问题进行初步回答和阐释。

第二节　研究意义

一、理论意义

社区治理智能化是第四次工业革命发展进程中发生在城市社会基层治理中的新现象和新探索。虽然国内外学界在基层治理与社区治理领域已经积累了大量研究成果，但是已有研究未能全面细致刻画当前城市社区治理实践中智能化技术应用的图景和逻辑，对于新一代信息技术对城市社区治理模式产生怎样的影响尚欠缺合理和全面的解释。本书从技术应用与治理创新的双重视角切入，提出社区治理智能化这一概念，并对相关理论与实践问题进行深入阐释，总的来说具有三方面的理论意义。

首先，本书拓展了已有社区治理研究视角。传统政治学、社会学、公共管理学关于社区治理的研究常从国家与社会关系、社会资本及公民参与等理论视角出发，借助西方经典理论解释中国社区治理实践。然而，空间上西方理论与中国当前实践的巨大隔阂和时间上传统理论面对智能化时代创新探索的不适造成理论对现实的解释力不足。本书认为，当前新一代信息技术的发展及其在国家和社会治理中广泛而深入的应用，已经对传统社区治理模式进行了全面的改造和重塑，技术对治理的影响已经不仅仅是对已有模式的点缀和提亮，需要在深刻把握信息技术自身特征与发展规律的基础上，结合我国社区治理目标和实践进行深入研究。因此，本书从信息技术应用场景和社区治理创新过程视角切入，以提升社区治理体系和治理能力现代化为目标，以城市社区治理智能化类型、实施机制、面临困境及推进路径等问题为中轴，挖掘城市社区治理智能化建设的内在逻辑与作用机理。

其次，本书提出了城市社区治理智能化的内涵与分析框架。城市社区层面的信息技术应用不是新生事物，从早期的社区信息化探索到后来的智慧社区建设热潮，再到当前物联网、人工智能、区块链等新一代信息技术在社区中的应用，社区建设和社区治理中应用形式多样的信息技术已经成为潮流和趋势。但是，已有研究更多从规范视角讨论信息技术对社区的影响和价值，研究缺少基于实证案例的系统性和整体性分析。本书以党的十九大报告提出的提高社会治理智能化为政策依据，首次提出城市社区治理智能化这一概念，并对其内涵与特征进行界定。在此基础上，本书从政府作用发挥程度与自治组织作用发挥程度两个维度建构类型学框架，将当前我国城市社区治理实践中各种运用数字化、智能化技术的创新探索划分为技术增能、技术赋权、增能赋权与技术悬浮四种类型。本书提出的城市社区治理智能化内涵与类型呈现了当前我国社区治理中技术应用的整体图景，为信息技术视角下社区治理的后续研究提供了一个基本的分析框架。

最后，本书通过实证研究阐释了城市社区治理智能化的内在逻辑。当前信息技术在社区治理中的应用虽然得到广泛关注，但是研究成果中经验展示居多，深入思考不足，研究更多围绕一个时间截面展开，欠缺动态过程的追踪和分析。如何理解信息技术与社区治理体制机制相互影响、彼此融合与形塑是当前这一主题研究的薄弱环节和学术增长点。本书在全面收集相关案例材料的基础上，筛选了 8 个城市社区治理智能化案例作为研究样本，从动态视角对不同类型社区治理智能化创新探索的实施过程进行全程追踪，识别与挖掘创新过程中的关键驱动因素与阻滞因素，结合本书提出的分析框架对不同类型治理模式的发展规律与面临问题进行判定，并在此基础上提出治理建议。

二、现实意义

在城市社区治理中积极应用数字化、智能化技术是大势所趋，本书提出的观点与建议对于未来更好地运用新一代信息通信技术提高社区治理成效，推进社区治理体系和治理能力现代化具有重要的现实意义。

首先，本书对当前各类城市社区治理智能化实践的梳理和分析为有针对性地开展社区治理智能化创新探索提供了可供参考的范本。信息技术发展一日千里，应用信息技术的基层治理创新如雨后春笋般不断涌现。对于身处一线的基层政府官员和社区工作者，面对形式各异的创新探索和诸多可复制、可推广的经验容易陷入“乱花渐欲迷人眼”的窘境。本书对于当前社区治理智能化实践探索进行了全景呈现，并深刻分析不同类型创新实践的特征、优势与限度，这对于尚未开展社区治理智能化建设的城市社区及其工作人员在实际工作中将信息技术合理有效地融入社区治理体制机制，选择和实施适合自身社区特点、精准对接本社区居民需要的治理模式，以数字化、智能化技术推进社区治理体系和治理能力现代化具有启示意义。

其次，本书针对当前各类城市社区治理智能化建设面临的问题分析和所提出的发展建议对于进一步深入推进城市社区治理智能化建设具有参考价值。本书通过对 8 个社区治理智能化建设案例的实证调研和对相关工作人员的深入访谈，对不同类型社区治理智能化探索自身的特点和面临的内外部因素进行深入研究，总结归纳了不同类型的创新探索存在的不足与困境，在此基础上提出四方面的治理建议：强化党建引领，筑牢城市社区治理智能化政治基础；推进协同联动，构建城市社区治理智能化共治体系；对接现实需求，实现城市社区治理智能化供需平衡；扩大试点推广，加速城市社区治理智能化经验扩散。这对于已经开展社区治理智能化建设的城市基层政府和社区工作者在已有创新基础上进一步深化新一代信息技术在社区管理与服务中的应用，提升基层社会治理效能，激发社区居民参与热情，总结推广创新经验，具有较强的政策指导价值。

第三节　相关研究回顾

学界与社区治理智能化相关的研究成果重点关注新一代信息技术在社区治理中的运用及其对社区治理与公共服务供给产生的影响。国内早期研究围绕社区信息化建设中的问题和效果评价。近年来，随着全球范围内智慧城市建设的迅速兴起，智慧社区成为国内外学者追逐的热点话题。当前，互联网、移动互联网、大数据、物联网、云计算、社交媒体等信息技术在社区治理中的广泛应用促进了政府管理效能提升，完善与优化了基层公共服务供给，为社区居民参与公共事务和社区治理提供了方便快捷的途径，社区网格化管理、社区智慧公共服务、信息技术赋能社区治理等主题成为国内外学界关注和研究的热点。

一、关于社区信息化的研究

我国社区信息化建设起步于世纪之交。2006 年中共中央办公厅、国务院办公厅印发了《2006—2020 年国家信息化发展战略》，首先在党和政府文件中将社区信息化作为“推进社会信息化工作”的重要内容之一，同时提出“重视推动电子政务公共服务延伸到街道、社区和乡村”。这在一定程度上使得“社区信息化是电子政务延伸”的认识获得了肯定，也使得社区信息化建设与社会管理的关系越发密切。2010 年，中共中央办公厅、国务院办公厅印发的《关于加强和改进城市社区居民委员会建设工作的意见》中对社区信息化进行了更为深入的阐述，提出“建设集行政管理、社会事务、便民服务为一体的社区信息服务网络，逐步改善社区居民委员会信息技术装备条件，提高社区居民信息技术运用能力，全面支撑社区管理和服务工作”。2017 年，中共中央、国务院印发的《关于加强和完善城乡社区治理的意见》对我国当前社区信息化建设做出了总体部署，提出“增强社区信息化应用能力”的要求，提出要依托“互联网+政务服务”相关重点工程，加快城乡社区公共服务综合信息平台建设，实施“互联网+社区”行动计划，加快互联网与社区治理和服务体系的深度融合，探索网络化社区治理和服务新模式等具体目标。伴随着社区信息化建设近 20 年的发展，国内学者重点围绕以下三方面主题展开研究。

一是社区信息化的内涵与功能。社区信息化是利用信息技术，以满足社区成员多元化需求为导向，充分发挥政府、企业和其他社会组织等利益相关方的作用，深入开发利用社区信息资源，促进信息整合共享，提升社区服务和社区管理水平的过程。其目标是利用信息技术提升社区服务的整体水平，从而最终提高居民的生活质量，推动整个社会的发展。社区信息化建设中，政府组织是主导者，企业组织是提供商，自治组织是生力军。[①] 社区信息化建设包括信息基础设施建设、信息资源开发利用、信息技术应用与服务、信息支撑保障体系四个方面。[②] 社区信息化的建设能够通过健全网络组织结

---

① 孙宇，王金祥．社区信息化建设的三维视角透析——基于北京实践的思考［J］．情报资料工作，2008（2）：58-60.

② 宋煜．双重视角下社区信息化顶层设计的模型研究与实践［J］．学习与实践，2012（2）：78-86.

构、增强网络社会资本、优化网络资源配置和提升网络整体效率四条路径有效促进社区协同治理网络的完善，从而达到社区“善治”的最终目标。① 朱琳、沈夏燕基于实证研究证实了社区信息化建设对社区生活满意度、社区管理满意度、社区服务满意度、社区情感满意度有明显的提升作用。②

二是社区信息化建设的经验与问题。宋煜在回溯我国社区信息化建设的历史和对各地社区信息化实践案例进行采集和分析的基础上，把我国各种社区信息化工作分为以网格化为代表的社会综合管理、以资源整合为目标的社区便民热线、以社区认同为核心的社区互联网站、以舆情引导为目标的网络信息互动等类型。她认为，当前社区信息化工作较多体现了政府主导，而政府与非政府主体的合作才是决定社区信息化建设成败并使其实现可持续发展的关键。③ 宋俭、张瑞岚基于对武汉市的调研，提炼了党建引领下以信息化建设推进和谐文明社区建设的新路，为城市老旧社区信息化建设提供了重要启示。④ 李焱基于对中国社区信息化研究的分析认为，当前中国社区信息化发展存在的问题体现在规划、网络基础设施、业务流程与人才等方面。⑤ 汪雷、程小飞通过对安徽省各地社区信息采集与共享途径的实证调查，发现缺乏一套科学合理、兼容性高、协调全面

① 霍明，赵伟，张复宏．社区信息化与农村社区协同治理研究——基于社会网络视角［J］．情报杂志，2016，35（5）：173-179.

② 朱琳，沈夏燕．社区信息化对居民满意度影响的实证研究——以上海市宝山区若干小区为例［J］．电子政务，2014（2）：17-28.

③ 宋煜．基层社会管理创新语境下的社区信息化实践研究［J］．学习与实践，2013（6）：85-93.

④ 宋俭，张瑞岚．城市老旧社区信息化建设的新探索——以武汉市发展社区为例［J］．电子政务，2014（1）：124-129.

⑤ 李焱．中国社区信息化及其系统结构的框架研究［J］．电子政务，2012（5）：91-95.

的标准已成为社区信息化建设的瓶颈。① 李盛竹指出，我国社区信息化建设城乡差距十分显著，特别是中西部农村社区成为社区信息化建设的盲区，进而从标准规范、信息化基础设施、主体需求、重点领域、覆盖范围、发展模式等方面提出社区信息化城乡统筹的战略。② 贾先文分析了当前我国农村信息化建设中存在的不足与制约因素，指出当前最核心的问题是过多依赖政府单方面的努力，缺少农民参与，要利用农村“熟人社会”和社会资本破解农村社区信息化建设困境。③

三是社区信息化绩效与满意度评估。邹凯、马葛生较早对社区信息化绩效评价展开研究，他们运用灰色理论的思想，结合熵值法处理指标体系的权重，从政务、文化生活、治安、服务、环境卫生等社区信息化建设方面提出了基于多层次灰色评价模型的社区信息化绩效评价模型。④ 蹇洁、盛彧湛基于项目全生命周期理论构建一套社区信息化建设评估指标体系，并运用模糊综合评价方法对社区信息化建设进行综合评价。⑤ 李焱在借鉴电子政务成熟度和企业信息能力成熟度研究的基础上，建构了城市社区信息化服务成熟度模型和评价指标体系，并对甘肃省 11 个城市 55 个社区的信息化建设进行

① 汪雷，程小飞．安徽省社区信息化信息采集与共享机制研究［J］．情报理论与实践，2015，38（11）：69-70，95.

② 李盛竹．促进城乡统筹的社区信息化发展战略研究［J］．图书情报工作，2009，53（24）：34-37.

③ 贾先文．农村信息化建设中社区社会资本的作用［J］．图书馆理论与实践，2011（10）：43-46.

④ 邹凯，马葛生．基于多层次灰色评价模型的社区信息化绩效评价研究［J］．情报杂志，2009，28（12）：34-37.

⑤ 蹇洁，盛彧湛．基于项目全生命周期的社区信息化建设评估研究［J］．科技管理研究，2009，29（12）：230-231.

了评估。[①] 近年来，从居民满意度视角对社区信息化进行评价是学界研究的主导方向。邹凯等学者借鉴顾客满意度建模思想，结合社区信息化建设的自身特征，构建社区信息化建设公众满意度指数（CICPSCI）模型，并通过实证研究修正和完善模型。[②] 吴元升从社区服务及系统技术支持两个方面出发构建了社区信息化服务居民满意度指标体系，基于合肥市的调查数据，采用结构方程方法探究了城市社区信息化服务满意度影响因素。[③] 梁艺琼、张媛对北京市方庄社区的信息化平台建设进行了深入调查，以美国顾客满意度指数模型为研究基础，分析了平台易用性、安全性、响应等因素对用户满意度的影响，发现用户的不同感知对满意度的影响存在差异。[④]

二、关于智慧社区的研究

智慧社区的前身是数字社区。[⑤] 2008 年，国际商业机器公司（IBM）率先提出了“智慧地球”的概念，此后全球范围内智慧城市建设风起云涌。智慧社区作为智慧城市研究和实践的延伸，逐步替代了数字社区成为社区信息化建设的主流方案，并由技术概念进入

① 李焱．城市社区服务信息化评价模型构建与指标体系研究［J］．电子政务，2013（11）：87-93.

② 邹凯，刘利，马葛生．社区信息化建设公众满意度测评研究［J］．情报杂志，2010，29（11）：91-94.

③ 吴元升．基于结构方程的社区信息化服务满意度模型研究——以安徽省合肥市为例［J］．情报杂志，2011，30（9）：180-185.

④ 梁艺琼，张媛．O2O 智慧社区平台用户满意度实证研究——以北京市丰台区方庄社区为例［J］．中国管理科学，2016，24（S1）：271-275.

⑤ Harada K，Hoshino H. *Feasibility Study of Digital Community through Virtual Enterprise Network*［J］. *Digital Cities* Ⅱ：*Computational and Sociological Approaches*，2002（2362）：152-163.

实践探索。我国住建部 2014 年公布了《智慧社区建设指南（试行）》。与此同时，全国各地掀起了一场智慧社区建设热潮。除了政府主导的智慧社区建设之外，近年来大量市场主体纷纷将目光投向智慧社区这一互联网时代的又一商业蓝海。当前，智慧社区已然成为社会各界关注的热点问题。智慧社区不仅承载着社区居民对智能化时代美好生活的向往，更是基层治理主体寻求运用信息技术推进基层治理创新，提升社区治理效能的重要突破口和有力抓手，同时也是学术界关注的热点话题之一，相关研究主要基于三个视角展开。

一是基于工具主义视角分析智慧社区的内涵与功能。智慧社区是通过先进信息技术建立大数据平台和管理系统，实现公民公平便利、政府透明高效目标的一系列相互依赖的“人类—网络—物理”系统。① 智慧社区在有效配置社区资源，推动社区融合发展，提升社区服务水平和居民生活便利程度方面能发挥积极作用，符合信息技术条件下城市社区发展和建设的趋势。②③ 智慧社区以连接设备和智能传感器为硬件基础，通过收集社区的实时信息进行大数据分析，可以实现对社区需求进行精准预测。④ 国外学者认为智慧社区是实现可持续、低碳和抗灾功能的城市建设的重要组成部分，也是一种城

---

① He D, Chan S, Qiao Y, et al. *Imminent Communication Security for Smart Communities* [J]. IEEE Communications Magazine, 2018, 56 (1): 99-103.

② Coe A, Paquet G, Roy J. *E-Governance and Smart Communities A Social Learning Challenge* [J]. Social Science Computer Review, 2000, 19 (1): 80-93.

③ Liang X, Zhang K, Lu R, et al. *EPS: An Efficient and Privacy - Preserving Service Searching Scheme for Smart Community* [J]. IEEE Sensors Journal, 2013, 13 (10): 3702-3710.

④ Sun Y, Song H, Jara A J, et al. *Internet of Things and Big Data Analytics for Smart and Connected Communities* [J]. IEEE Access, 2017 (4): 766-773.

市公共服务创新。① 智慧社区凭借其良好的交互体验、精准的数据分析以及便利的操作经验有助于公民参与决策。② 国内学者认为，智慧社区是基于大数据和云计算的新的服务形态和服务模式，基于云计算的服务即云服务是智慧社区的根基和保障。③ 智慧社区悄然重构着社区治理主体之间的关系，形成精准、共治、合作的治理新形态。④

二是基于现实主义视角考察智慧社区应用与实践。国外有学者在对智慧社区基础设施进行分析的基础上，通过两个智慧社区应用案例，说明了智慧社区对社区安全、健康服务与应急响应的改善作用。⑤ 还有学者从智慧社区能够改善参与的视角研究印度尼西亚柯沙里区域文化遗产保护问题。⑥ 我国学者陈立文、赵士雯基于利益相关者视角对智慧社区运营管理体系及其综合决策、监测评价、服务管理、资源整合平台的运行机制进行了分析。⑦ 王凯、岳国喆讨论了智慧社区公共服务精准响应平台的理论逻辑、构建思路和运作机制。⑧

---

① Michelucci F V, Marco A D. *Smart Communities Inside Local Governments: A Pie in the Sky?* [J]. International Journal of Public Sector Management, 2017, 30 (1): 2-14.

② Zurita G, Pino J A, Baloian N. *Supporting Smart Community Decision Making for Self-governance with Multiple Views* [J]. Juan Manuel García Chamizo, 2015: 134-143.

③ 聂磊. "互联网+" 背景下的社区云服务的核心与趋势 [J]. 上海行政学院学报, 2017, 18 (6): 14-18.

④ 宋晓娟, 王庆华. 智慧社区：主体间新关系与治理新形态 [J]. 电子政务, 2020 (4): 121-128.

⑤ Li X, Lu R, Liang X, et al. *Smart community: An internet of things application* [J]. IEEE Communications Magazine, 2011, 49 (11): 68-75.

⑥ Firmansyah F, Fadlilah K U. *Improvement of Involvement Society in the Context of Smart Community For Cultural Heritage Preservation in Singosari* [J]. Procedia - Social and Behavioral Sciences, 2016 (227): 503-506.

⑦ 陈立文, 赵士雯. 智慧社区运营管理体系及平台构建研究——基于利益相关者视角 [J]. 当代经济管理, 2018, 40 (8): 37-42.

⑧ 王凯, 岳国喆. 智慧社区公共服务精准响应平台的理论逻辑、构建思路和运作机制 [J]. 电子政务, 2019 (6): 91-99.

吴胜武等人基于宁波海曙区案例，分析了智慧社区建设的核心理念、基本架构与运行模式。① 钱坤基于上海市杨浦区控江路街道智慧社区大脑案例，探究了包括风险感知系统、联动响应系统和事务处置系统的“技术监管”这一新型监管模式的运作逻辑。② 纪江明、葛羽屏提出了智慧社区的核心理念与结构特征，并以上海半淞园路街道为案例对智慧社区建设的实践探索进行了分析。③

三是基于整合主义视角将智慧社区建设和社区治理体制与地方政府创新相链接。姜晓萍、张璇提出智慧社区实现了社区治理从一元到多元、智力到智慧、效率到效能、可及到共享四个方面的转换。④ 吴旭红运用扎根理论研究方法，遵循“过程—机制”的问题呈现方式，对南京市 5 个智慧社区建设中各方行动者的利益、困境与可能的合作空间进行了深度扫描，凝练和构建了智慧社区建设的整合性行动分析框架模型。⑤ 葛天任、裴琳娜认为，智慧社区建设可能存在多层次风险，要充分考虑风险感知、决策分析、组织协同、合作治理、社区动员与科技赋能等多个关键环节及其衔接，推进智慧社区敏捷治理变革。⑥ 杨雅厦分析了智慧社区建设对社区公共服务

① 吴胜武，朱召法，吴汉元，等．“智”聚“慧”生——海曙区智慧社区建设与运行模式初探［J］．城市发展研究，2013，20（6）：145-147.
② 钱坤．技术监管：智慧社区大脑新型风险监测与处置模式建构［J］．行政论坛，2020，27（4）：99-104.
③ 纪江明，葛羽屏．基于“三网一云”理念的上海智慧社区发展策略研究［J］．城市发展研究，2016，23（8）：119-124.
④ 姜晓萍，张璇．智慧社区的关键问题：内涵、维度与质量标准［J］．上海行政学院学报，2017，18（6）：4-13.
⑤ 吴旭红．智慧社区建设何以可能？——基于整合性行动框架的分析［J］．公共管理学报，2020，17（4）：110-125，173.
⑥ 葛天任，裴琳娜．高风险社会的智慧社区建设与敏捷治理变革［J］．理论与改革，2020（5）：85-96.

供给模式带来的深层变革及公共服务智慧供给优化的路径选择。① 宋晓娟、王庆华主张，智慧社区改变与重构了治理主体间关系并推进着治理主体间结构、治理作用边界及治理运作方式等维度的治理新形态生成。②

四是基于建构主义视角提出智慧社区建设的制度设计与政策主张。王迪认为，我国智慧社区在快速发展中表现出诸多问题的根源是以国家的管理型设计、资本的经营型设计和专家的科学型设计为代表的“设计本位”理念，未来要以“生活本位”的视角重新审视智慧社区的规划和建设。③ 高峰针对目前智慧社区建设存在立法、隐私、伦理等方面的困境，提出在全面依法治国背景下法治设计与智慧社区治理同步的路径。④ 伍堃认为，智慧社区建设中要发挥政府主导作用，明确智慧社区发展路径和方向，从而建立强有力的政策引导与支持体系。⑤ 梁丽在回顾北京市智慧社区发展现状的基础上，提出应在国家新型智慧城市建设等相关政策引领下，创新智慧社区的建设思路与战略。⑥ 常恩予、甄峰针对江苏省国家智慧城市试点任务

---

① 杨雅厦．智慧社区建设对公共服务供给模式的变革及其优化研究［J］．中国行政管理，2018（11）：151-153.

② 宋晓娟，王庆华．智慧社区：主体间新关系与治理新形态［J］．电子政务，2020（4）：121-128.

③ 王迪．智慧社区发展的未来趋势：从设计本位到生活本位［J］．福建论坛（人文社会科学版），2020（8）：92-102.

④ 高峰．法治设计需与智慧社区治理同步［J］．人民论坛·学术前沿，2020（3）：100-103.

⑤ 伍堃．智慧社区建设中政府的主导作用［J］．河北学刊，2013，33（5）：112-114.

⑥ 梁丽．“十三五”时期北京市智慧社区建设创新发展研究［J］．电子政务，2017（12）：54-63.

书对智慧社区建设现状进行反思并提出智慧社区的社会建构策略。① 李国青、李毅指出，破解当前我国智慧社区建设困境的首要任务是加强顶层设计，促进智慧社区组织规划与标准化建设协同推进。② 陈涛等针对当前基层社会治理的“烟囱”困境，提出要充分利用5G、物联网等新型信息技术，推动一体化智慧社区建设。③

三、关于社区网格化管理的研究

2004年，北京市东城区率先探索网格化管理，随后逐步在全国其他地区推广扩散。浙江舟山市推行的“网格化管理、组团式服务”在管理理念、方式、手段、服务内容和组织结构等方面进行了全面创新，实现了从管制向服务的转型。④ 网格化管理的本质特征在于将信息技术有效嵌入科层体制，实现了政府城市管理与公共服务的流程再造。⑤ 网格化管理在实践层面的快速发展吸引了学界的广泛关注，国内学者针对不同问题、基于多个视角探究这一技术与管理相结合的创新模式对中国基层和社区治理带来的影响及其蕴含的内在逻辑。

---

① 常恩予，甄峰．智慧社区的实践反思及社会建构策略——以江苏省国家智慧城市试点为例［J］．现代城市研究，2017（5）：2-8.

② 李国青，李毅．我国智慧社区建设的困境与出路［J］．广州大学学报（社会科学版），2015，14（12）：67-71.

③ 陈涛，孙宁华，徐松，等．打造一体化智慧社区，破解基层治理“烟囱”［J］．国家治理，2020（30）：27-30.

④ 孙建军，汪凌云，丁友良．从“管制”到“服务”：基层社会管理模式转型——基于舟山市“网格化管理、组团式服务”实践的分析［J］．中共浙江省委党校学报，2010，30（1）：115-118.

⑤ 竺乾威．公共服务的流程再造：从“无缝隙政府”到“网格化管理”［J］．公共行政评论，2012，5（2）：1-21，178.

一是讨论社区网格化管理的特征与价值。网格化管理以数字化、信息化技术为支撑，致力于实现精细化、资源整合、部门联动的管理系统，有效解决城市管理中遇到的一系列新问题，优化多重压力下做出基层治理方案选择。① 社区网格化管理在管理单元的明细化、职责权限的条理化、管理要素的信息化、信息形式的可视化、信息利用的精准化、管理工具的标准化等方面使城市治理变得更为清晰明确②，其背后遵循的是提升国家认证能力这一基本逻辑③。网格化管理在技术系统、管理流程、业务划分、监督控制等环节较之于传统社区管理有着明显的优势④，有效避免了社区管理中的“死角”和“盲点”，通过资源整合和技术嵌入大幅度提高社区问题的处理效率。社区网格化管理变事后处置为事前预警，大大降低了社会风险和管理成本，具有前瞻性、综合性、立体性与开放性的独特优势，为完善我国突发公共事件预警机制提供了一条重要的途径⑤，同时避免了运动式治理、突击检查等方式的不足，是基于信息技术手段建立的社区管理长效机制⑥。

二是探究社区网格化管理的创新扩散与制度化。社区网格化管理的发展在空间维度上表现为创新扩散过程。有研究通过北京市东

---

① 孙柏瑛，于扬铭．网格化管理模式再审视［J］．南京社会科学，2015（4）：65-71，79.

② 韩志明．城市治理的清晰化及其限制——以网格化管理为中心的分析［J］．探索与争鸣，2017（9）：100-107.

③ 钱坤．国家认证能力与城市治理——以网格化管理为中心的分析［J］．现代城市研究，2019（1）：124-130.

④ 孙涛，韩清颖．我国城市社区“网格化管理”建设：国家治理现代化在基层的创新——以广州市越秀区为例［J］．华东经济管理，2019，33（5）：5-11.

⑤ 祝小宁，袁何俊．基于网格化管理的突发公共事件预警机制探析［J］．中国行政管理，2006（10）：102-105.

⑥ 阎耀军．城市网格化管理的特点及启示［J］．城市问题，2006（2）：76-79.

城区和 S 市 J 区相应实践的比较，分析了网格化管理在扩散过程中发生的变异现象及其发生机理。① 针对上海、浙江和重庆的研究发现，地方政府并非被动地移植网格化管理政策原型，而是将其作为知识起点进行选择性的吸收与改造，通过组织学习与政策再生产实现了网格化管理创新的本土化。② 基于事件史的实证研究表明，强制压力和同行压力等制度因素对城市网格化管理创新扩散产生显著影响。③ 社区网格化管理的发展在时间维度上表现为创新的持续和制度化。网格化管理具有基层社会治理清晰化和协同化、实现激励监督与社会控制等制度功能，契合了基层社会治理制度化需求。④ 制度化是指场域中的组织从不特定的特殊状态转向被普遍接受的固定化模式的过程。城市社区网格化管理的制度化过程不仅表现为覆盖地区的增加，而且表现为制度规模和效力的提升以及适用领域的丰富和深化。⑤

三是分析社区网格化管理的弊端与困境。网格化管理虽然一定程度上提升了社区治理效能，但依然存在和暴露出诸多不足和问题，突出表现在功能上的政府干预过多而服务不足、主体上的社会力量

① 周志忍，李倩．政策扩散中的变异及其发生机理研究——基于北京市东城区和 S 市 J 区网格化管理的比较［J］．上海行政学院学报，2014，15（3）：36-46.

② 林雪霏．政府间组织学习与政策再生产：政策扩散的微观机制——以“城市网格化管理”政策为例［J］．公共管理学报，2015，12（1）：11-23，153-154.

③ 赵强．制度压力如何影响地方政府公共服务创新的扩散？——以城市网格化管理为例［J］．公共行政评论，2015，8（3）：103-119，204.

④ 陈柏峰，吕健俊．城市基层的网格化管理及其制度逻辑［J］．山东大学学报（哲学社会科学版），2018（4）：44-54.

⑤ 叶岚．城市网格化管理的制度化进程及其优化路径［J］．上海行政学院学报，2018，19（4）：27-38.

参与不够且自治不强、治理体制上的组织结构不优而协作不力等。①有学者认为，网格化管理表现出了科层化倾向和压力型体制的特征，导致了国家的内部分化以及国家与基层社会联结的非均衡性与不稳定性。这使基层政府无限承担了社会治理责任，却降低了行政管理效率，同时制造了城市基层治理体制内在结构性紧张。② 当前网格化管理中基层组织无法实现有效协同加剧了权责不协调问题，引发“有组织不负责任”现象。③ 网格化管理自身存在着标准化科层管理与社区治理生态多样性的冲突、行政化治理与参与式治理的冲突、目标责任制管理与逆选择困境、条块冲突及内整合困境等一系列的功能限度。④ 此外，政策目标及标准不清、资源供给单一化与行政化、工作人员管理理念和职能转变不到位、社区网格员的专业素养较低、社区居民参与度不足、数据分析研判不足、综合协调能力较弱等网格化管理实践中的不足也是学界讨论较多的问题。⑤⑥⑦

四是预测社区网格化管理的转型与走向。作为一种基层社会管理的重要方法，社区网格化管理自产生以来不断吸纳“组团服务”

① 杨宗辉，田野．网格化管理的再思考［J］．暨南学报（哲学社会科学版），2017，39（12）：27-32.

② 刘安．网格化管理：城市基层社会治理体制的运行逻辑与实践特征——基于 N 市 Q 区的个案研究［J］．江海学刊，2015（2）：99-107，238-239.

③ 刘锐，刘磊．权责分立与风险分配：网格化管理困境分析［J］．求实，2020（6）：42-56，108.

④ 陶振．社区网格化管理的运行架构及其内生冲突——以上海 X 区 Y 街道为例［J］．社会主义研究，2015（4）：97-103.

⑤ 王庆华，盖建泽．城镇社区网格化管理探析——以黑龙江省 W 社区为例［J］．学术交流，2018（8）：107-112.

⑥ 叶岚．城市网格化管理的制度化进程及其优化路径［J］．上海行政学院学报，2018，19（4）：27-38.

⑦ 柴宝勇，周君玉．农村网格化管理政策执行研究——基于政策执行系统理论的实证分析［J］．中国行政管理，2020（1）：114-120.

“三社联动”“三长制”等地方社会治理的创新经验，实现了多重形态转换和基层治理升级。① 党的十八届三中全会通过的《中共中央关于全面深化改革若干重大问题的决定》中明确提出要“以网格化管理、社会化服务为方向，健全基层综合服务管理平台”。党的十九届五中全会提出“加强基层社会治理队伍建设，构建网格化管理、精细化服务、信息化支撑、开放共享的基层管理服务平台”。有学者提出要从“网格化管理”迈向“网格化治理”，实现从“管控”到“服务”的治理理念转变，从“维护社会稳定”到“满足公众需求”的治理目标转变，从“单向一元”到“多维平行”的权力运行逻辑转变，从“维稳平台”到“自治平台”的治理功能转变，从“碎片化管理”到“整体性治理”的运行机制转变。② 也有学者认为，网格化管理发展方向不是“网格化治理”，而是根据新的治理需求的变化，建立政府与社会之间的伙伴关系，形成政府与社会互助、合作、共治的“网络化治理”。③ 社区层面网络化治理的推进可以从厘清政府和社区组织权责边界、建立多元主体合作机制、健全政策法规、贯彻“服务导向”治理理念、推进电子政务流程再造、激发居民的参与热情等方面展开。④

---

① 田毅鹏．网格化管理的形态转换与基层治理升级［J］．学术月刊，2021，53（3）：125-132.

② 姜晓萍，焦艳．从“网格化管理”到“网格化治理”的内涵式提升［J］．理论探讨，2015（6）：139-143.

③ 秦上人，郁建兴．从网格化管理到网络化治理——走向基层社会治理的新形态［J］．南京社会科学，2017（1）：87-93.

④ 刘湖北，邢乐．社区管理升级转型：网格化管理走向网络化治理——基于N县的实证分析［J］．江西社会科学，2017，37（7）：220-227.

四、关于社区智慧公共服务的研究

随着互联网、大数据、人工智能等新一代信息技术的广泛应用，社区公共服务的供给方式发生了悄然变革，社区智慧公共服务创新探索应运而生。社区智慧公共服务是指利用大数据、物联网、云平台、人工智能、现代通信技术和新媒体技术等集成化技术手段，将服务供给各环节各主体聚合为一个统一的系统，以网络平台为依托，通过整合社会资源、优化供给要素、更新供给体系、重塑供给模式，提供以在线化、虚拟化、网络化、多元化为特征的“虚实结合”的智慧型公共服务。① 学界围绕这一公共服务创新模式从不同视角重点聚焦社区智慧公共服务的特征与功能、社区智慧公共服务供给体系、社区智慧养老服务、社区智慧公共服务发展路径等主题展开初步探索与研究。

一是社区智慧公共服务的特征与功能。社区智慧公共服务具有多主体网络化整体协同、现代集成新技术融合嵌入、高效便捷的供给效能、精细化供给治理的流程再造四个基本特质②，不仅能有效改善和提升社区民众生产生活品质，而且在降低社区公共服务成本，实现增权赋能和减负增效，促进社区高质量发展，打造活力与和谐社区方面发挥着重要作用，在民众、公共部门、社会部门和私人部门等不同层面呈现出便捷精准的服务品质、丰富完整的服务内容、

---

① 何继新，李露露．城市社区公共服务智慧化供给功能价值意蕴与建设模式设计［J］．海南大学学报（人文社会科学版），2019，37（4）：56-64.

② 何继新，何海清．城市社区公共服务智慧化供给治理：基本特质、标靶方向和推进路径［J］．学习与实践，2019（4）：100-109.

扁平顺畅的服务流程、高效精细的服务能力等具体功能价值。① 社区智慧公共服务避免传统公共服务决策低效率、供给与需求脱节、资源整合与共享困难等弊端，可以细化服务项目，实现资源深度融合，提高服务供给的效率，从社区医疗服务、社区教育服务、社区文化服务等不同领域更加精准地满足社区居民不同群体的服务需求。②

二是社区智慧公共服务供给体系。社区智慧公共服务不是单一层面供给创新，而是体现在横向智慧化供给、纵向智慧化供给、深度智慧化供给三个方面的完整创新与协同共进。横向智慧化供给运行策略主要包括关联主体服务组合集成运营策略与基于关联供给主体内生比较优势的供给细分运营策略；纵向智慧化供给策略体现在规划设计、建设生产、运营维护、消费使用与监督反馈等多方面协同创新与对接合作；深度智慧化供给策略体现了社区公共服务智慧化供给管理组织要素与管理过程的耦合关系。社区智慧公共服务有效供给需要构建包括引导动员、激励补贴、利益整合、能力提升、网络嵌入、风险防范、管控监督与联动协同在内的全过程、全方位机制体系。③

三是社区智慧养老服务。2015 年国务院发布的《关于积极推进“互联网+”行动的指导意见》中明确提出“促进智慧健康养老产业发展”。2017 年 2 月国务院三部委联合印发的《智慧健康养老产业

① 何继新，李露露．城市社区公共服务智慧化供给功能价值意蕴与建设模式设计［J］．海南大学学报（人文社会科学版），2019，37（4）：56-64.

② 康之国．“互联网+”时代社区公共服务供给模式创新研究［J］．天津行政学院学报，2019，21（6）：60-67.

③ 何继新，邵艳丽．社区公共服务智慧化供给三维立体模式及运行机制体系建构［J］．甘肃行政学院学报，2019（1）：64-75，126.

发展行动计划（2017—2020年）》中提出到2020年建设500个智慧健康养老示范社区。社区智慧养老是“互联网+社区养老”的结合，是社区养老对互联网技术优势和创新成果的应用，是以社区为平台，以网络平台、语音平台和平面媒体为载体，集“玩、学、智、养、护、调”和健康管理为一体的智能化养老新模式。社区智慧养老服务内容包括生活照料服务、医疗护理服务、精神慰藉服务与紧急救援服务等①，技术架构包括社区信息服务感知层、社区信息服务传输层和社区信息服务应用层②，信息系统包括养老服务信息平台、老年人基本健康状况和需求信息数据库、养老服务机构与服务人员信息数据库等。③ 社区智慧养老提升了养老服务的精准性，在构建社区居家精细化养老服务体系中发挥催化剂和桥梁作用，促进了要素的衔接互通，然而也带来了数字鸿沟、隐私泄露、技治主义的恐慌。④ 研究指出，智慧社区养老服务平台顶层设计不规范、部门协作不足、信息数据互联不畅、市场化程度低、信息平台功能单一、智能化应用滞后、养老服务供需对接不到位等问题依旧制约我国社区智慧养老的发展。⑤⑥ 身体素质、心理诉求、信息素养、产品效用和增值服

① 睢党臣，彭庆超．“互联网+”背景下我国城市社区智慧居家养老服务模式的构建[J]．新疆师范大学学报（哲学社会科学版），2018，39（3）：119-128.

② 石刚，李子平．社区智能养老服务系统构建研究［J］．电子政务，2015（4）：82-89.

③ 田兰宁．试论信息技术与老龄服务的融合路径［J］．老龄科学研究，2014，2（12）：66-74.

④ 王宏禹，王啸宇．养护医三位一体：智慧社区居家精细化养老服务体系研究［J］．武汉大学学报（哲学社会科学版），2018，71（4）：156-168.

⑤ 陈莉，卢芹，乔菁菁．智慧社区养老服务体系构建研究［J］．人口学刊，2016，38（3）：67-73.

⑥ 李长远．“互联网+”在社区居家养老服务中应用的问题及对策［J］．北京邮电大学学报（社会科学版），2016，18（5）：67-73.

务对老年用户智慧养老需求产生直接影响①，便利条件、社会影响力、努力期望、绩效期望等因素显著影响老年人对于社区智慧养老服务的使用。② 未来要从“智慧”匹配社区养老服务供给与养老服务需求，推动社区医疗保健与养老服务的个性化链接，实现社会工作专业服务与养老智能服务的信息化整合等方面推进社区智慧养老发展。③

四是社区智慧公共服务面临的问题与发展路径。研究认为，当前各地社区智慧公共服务发展迅速，但依旧存在诸多方面问题与困境。第一，各地在推进智慧社区公共服务治理中并没有充分考虑不同社区之间的内在差别和居民的群体差异，对社区居民需求的有效甄别能力不足。第二，社区智慧公共服务治理呈现单一化倾向，公共服务供给的多样性和民主化程度不足。第三，公共服务供给主体缺乏整合，服务信息缺乏共享，导致社区智慧公共服务供给的协调面临困境。第四，缺乏一支高素质的社区智慧公共服务专业人才队伍。④ 社区智慧公共服务的未来发展建设中政府要承担起主体责任⑤，从形成跨供给主体紧密配合协作关系、促进社区智慧公共服务的实际需求与供给内容的有机衔接、强化数据科学支持和服务质量

---

① 王昌，申子阳，孙晓宁．老年用户智慧医养需求影响因素理论框架构建［J］．情报理论与实践，2020，43（11）：71-78.

② 毛羽，李冬玲．基于 UTAUT 模型的智慧养老用户使用行为影响因素研究——以武汉市“一键通”为例［J］．电子政务，2015（11）：99-106.

③ 许晓芸．资源短缺抑或资源依赖：智慧社区养老服务的资源困局［J］．兰州学刊，2019（5）：196-208.

④ 张鹏．智慧社区公共服务治理模式、发展阻碍及整体性治理策略［J］．江淮论坛，2017（4）：70-76.

⑤ 吴楠．推动智能公共服务发展的政府责任［J］．福建论坛（人文社会科学版），2017（12）：184-189.

支撑、培育智慧社区公共服务人才队伍等方面进一步提升社区智慧公共服务效能。①

五、关于信息技术赋能社区治理的研究

随着移动互联网、物联网、大数据、云计算、人工智能等新一代信息技术在社区治理实践中的应用，社区治理方式、工具与模式发生了根本性变革。信息技术赋能社区治理提升了社区治理效能的同时，也面临多方面的挑战。近年来，学界敏锐地观察到信息技术嵌入社区治理带来的治理机制变化，从不同视角展开研究，形成了丰富的研究成果。

一是分析信息技术对基层社区治理的影响。学界从总体层面对于新一代信息技术对社区治理的积极作用展开丰富的讨论。研究认为，信息技术可以通过信息共享、数据挖掘和在线互动来促进整体性治理、精准化治理和参与式治理，全面提升中国基层社会治理的科学化水平②，对于创新城市社区治理体系，促进基层社区治理信息公开与公民参与，提供面向社区居民的个性化智能化服务，提升城市社区应急管理能力，促进城市社区管理模式改革等方面发挥积极作用。③④ 还有诸多文献具体讨论了大数据、人工智能、区块链等技术赋能社区治理的逻辑。有学者认为，大数据时代社区治理范式将

---

① 杨雅厦．智慧社区建设对公共服务供给模式的变革及其优化研究［J］．中国行政管理，2018（11）：151-153.

② 张海波．大数据驱动社会治理［J］．经济社会体制比较，2017（3）：64-73.

③ 朱琳，万远英，戴小文．大数据时代的城市社区治理创新研究［J］．长白学刊，2017（6）：118-124.

④ 田先红，张庆贺．新时代的互联网与基层社区治理：机遇、挑战与超越［J］．湖北社会科学，2018（1）：36-44.

由“挂钩式”共同体转向“共生型”共同体。① 大数据通过助力社区公共服务智能化和社区管理方式人性化极大地增强了社区自治能力②，促进基层社会治理从经验型治理走向精准型治理、从封闭走向开放、从碎片化走向整体性、从政府主导型走向政社合作型治理的路径转向③。人工智能技术实现现实主体与虚拟主体之间相互作用，共同构成和谐共处的人机社会，实现“自主治理”或“无感知治理”，即人工智能赋能城市社区治理的共融模式。④ 区块链技术去中心化、协同自治、共识、智能合约等特征与社区治理存在较高契合度，助力社区治理互联化、智能化与精准化。⑤

二是考察信息技术驱动的社区治理创新实践及困境。当前信息技术驱动的社区治理创新实践在各地各类社区迅速发展，取得了显著成效、积累了不少宝贵经验，但也面临诸多困境与挑战。有学者指出，技术的便捷性与可视性直接推动了基层治理的积极性、规范化，但也导致了治理空间的挤压与社区自主性的消解。⑥ 针对全国社区治理与服务创新实验区的多案例研究认为信息技术可以通过搭建社区协商平台，提升居民民主能力，拓展行动边界为社区发展赋制、

---

① 许峰，李志强．大数据驱动下社区治理模式变革与路径建构［J］．理论探讨，2019（4）：165-170.

② 刘鑫鑫，苏珊珊．大数据时代社区自治创新发展研究［J］．电子政务，2018（5）：101-109.

③ 陶希东．大数据时代中国社会治理创新的路径与战略选择［J］．南京社会科学，2016（6）：85-90.

④ 孟令鹏，田萃，许维胜．人工智能赋能城市社区治理的共融模式及其实施路径［J］．上海行政学院学报，2021，22（2）：83-90.

⑤ 韩传峰．基于区块链的社区治理机制创新研究［J］．人民论坛·学术前沿，2020（5）：66-75.

⑥ 陈锋，宋佳琳．技术引入基层与社区治理逻辑的重塑——基于 A 市 12345 政府服务热线的案例分析［J］．学习与实践，2021（4）：84-94.

赋能和赋权[①]，但技术门槛与治理短板、数据指标硬化与治理内耗、信息安全监管与治理风险等问题也会导致反治理行动。[②] 基于上海市L街道一门式电子政务改革的研究发现，信息技术进入组织并影响组织运作是一个多阶段复合的过程，信息技术本身并不能直接引发变化，而是通过为组织内关键行动者提供机会和新的资源而促进组织变革。[③] 针对城市综合管理和应急联动机制的案例研究发现，应用信息技术进行制度创新确实缓解了信息孤岛困境，整合了各部门分割化的信息资源，通过重塑相关主体的利益偏好、改变行动者力量对比、降低变革成本以及强化问责机制促进协同制度或模式的变迁。[④] 基于S市"社区大脑"的案例研究发现，信息技术应用于社区治理存在技术成本过高、制度供给不足以及行动者参与缺乏等困境。[⑤] 关于"一点通"技术、网格化管理技术和智慧垃圾分类技术的实证研究发现，旨在增效的信息技术实践中不同程度地增加了社区居委会的工作负担，形成了信息技术的效率悖论。[⑥]

三是研究新媒体时代的社区参与和居民自治。新一代信息技术

---

① 黄徐强，张勇杰．技术治理驱动的社区协商：效果及其限度——以第一批"全国社区治理和服务创新实验区"为例［J］．中国行政管理，2020（8）：45-51.

② 陈荣卓，刘亚楠．城市社区治理信息化的技术偏好与适应性变革——基于"第三批全国社区治理与服务创新实验区"的多案例分析［J］．社会主义研究，2019（4）：112-120.

③ 黄晓春．技术治理的运作机制研究以上海市L街道一门式电子政务中心为案例［J］．社会，2010，30（4）：1-31.

④ 陈慧荣，张煜．基层社会协同治理的技术与制度：以上海市A区城市综合治理"大联动"为例［J］．公共行政评论，2015，8（1）：100-116，200-201.

⑤ 钱坤．社区治理中的智慧技术应用：理论建构与实践分析［J］．当代经济管理，2020，42（4）：64-70.

⑥ 付建军．社区治理中的信息技术效率悖论及其形成逻辑——基于上海市J街道的实证分析［J］．探索，2019（6）：54-63.

颠覆了传统媒介传播形式，推动着新媒体、自媒体时代的来临。QQ、微博、微信等新媒体和社交媒体平台为社区居民参与公共事务、开展社区协商自治提供了高效便利的途径。91%的英国推特（Twitter）受访者表示曾利用其积极参与地方社区的讨论并与居民互动。① 研究发现，美国脸书（Facebook）使用者拥有更多地域社区基础上的社会资本。② 近年来，我国各地出现的很多运用新媒体技术推进社区居民参与的探索和实践吸引了学界的关注。有学者认为，在新媒体空间中，社区居民通过线上议事的方式能够一定程度上区隔虚实、保持距离，带给所有参与者一种物理上和心理上的安全感，促进社区公共领域的形成。③ 基于社交媒体的社区居民参与成为党委领导下的居民自治新载体，撬动了多年难以解决的弱参与，激发了更多互动、互助和共商共赢的机会。④ 基于微博和微信用户的实证研究发现，新媒体接触促进了居民参与公共事务，提升了社区管理，并有利于共同体感知的形成，但官方主导和居民主导下的社区新媒体会出现明显分化。⑤ 对我国城市社区长期的跟踪调查发现，新媒体改变了基层社区治理结构，微博时代草根意见领袖在政民协商中发

---

① Williams A, Harte D, Turner J. *The Value of UK Hyperlocal Community News: Findings from a content analysis, an online survey and interviews with producers* [J]. Digital Journalism, 2014, 3 (5): 1-24.

② Hargittai E, Shaw A. *Digitally Savvy Citizenship: The Role of Internet Skills and Engagement in Young Adults' Political Participation Around the* 2008 *Presidential Election* [J]. Journal of Broadcasting & Electronic Media, 2013, 57 (2): 115-134.

③ 王斌. 基于新媒体的基层治理创新路径：以城市社区为考察对象 [J]. 暨南学报（哲学社会科学版），2016，38（6）：99-106，132.

④ 闵学勤，王友俊. 移动互联网时代的在线协商治理——以社区微信群为例 [J]. 江苏行政学院学报，2017（5）：103-108.

⑤ 陈福平，李荣誉. 见"微"知著：社区治理中的新媒体 [J]. 社会学研究，2019，34（3）：170-193，245.

挥主导作用，而微信时代居民与基层公务员的互动促进了用户友好型政府的产生。① 基于农村社区的研究发现，村民借助微信群的线上交往、话语交流、公共行动形成了“互联网自组织”，强化了村民之间的社会关联，实现了社区再造。②

四是提出信息技术应用于社区治理的发展建议。当前信息技术在各地社区治理中的应用积累了不少宝贵经验，但是依旧面临诸多挑战和问题。学界在对治理实践进行细致观察和分析的基础上，从不同理论视角提出未来的发展建议。有学者认为碎片化是当前基层治理面临的现实问题，破解路径在于运用信息技术从渠道疏解、主体扩充、关系重构和观念扭转等方面实现整体性治理。③ 有学者认为，协同治理可以解决当前信息技术应用于社区治理产生的困境，要从治理理念、体制机制、平台建设及资源保障四个方面推进“互联网+”社区协同治理创新。④ 有学者关注到信息技术在农村社区治理中的运用，提出下沉信息网络平台、构建信息回馈系统、打造“微政务”管理服务单元格、形成社区治理主体网络体系等农村社区治理技术创新路径。⑤ 还有学者从风险社会的视角提出要构建具备集中统一领导、多元网络协同、满足差异诉求、互联共享资源、可控

① Xiong Yihan. *Technology Transforms Politics: Internet+Government Services and the Transformation of the Grassroots Power Structure* [J]. Social Sciences in China, 2019, 40 (4): 173-192.

② 牛耀红．社区再造：微信群与乡村秩序建构——基于公共传播分析框架［J］．新闻大学，2018（5）：84-93，150.

③ 门理想，王丛虎．“互联网+基层治理”：基层整体性治理的数字化实现路径［J］．电子政务，2019（4）：36-45.

④ 叶林，宋星洲，邵梓捷．协同治理视角下的“互联网+”城市社区治理创新——以G省D区为例［J］．中国行政管理，2018（1）：18-23.

⑤ 李增元，刘枭林．信息化治理：农村社区治理技术创新及其实现途径［J］．社会主义研究，2017（6）：98-105.

关联信息的社区智慧治理，从指挥、履职、决策、技术、文化五个维度实现社区治理综合性改善提升。[①]

六、对已有研究的评价

前文已经基于学术发展史与研究主题对学界有关社区治理智能化的研究进行了系统性回顾与梳理。总体来说，当前从信息技术视角探究我国社区治理已经成为一个重要且颇为流行的研究范式，研究大致呈现四个方面特点。一是研究视角上跨学科特色明显。社区治理传统上属于政治学和社会学研究范畴，近年来随着公共管理学科的发展以及党和政府对基层治理的重视，公共管理学也成为重要的研究学科阵地。社区治理智能化相关研究进一步拓展了研究学科视角，成为覆盖政治学、社会学、公共管理学、新闻传播学、信息科学等多元学科的综合性议题，来自不同学科的理论、方法与范式在这一研究领域相互对话、交流与融合，极大地拓展了研究视野。二是研究内容上主题覆盖面广泛。社区治理智能化相关研究内容丰富、主题多元，覆盖社区治理领域主要问题。宏观层面的研究重点围绕互联网、移动互联网、大数据、物联网、人工智能等新一代信息技术对社区治理发挥的积极作用以及实践中面临的风险与挑战进行学理探讨，微观层面的研究多是从某一理论视角出发，通过分析框架建构与案例检验进而阐释信息技术赋能社区治理的逻辑与机理。三是研究方法上实证研究占据主流。虽然早期的研究以阐释理论和观点为主，研究方法运用相对薄弱，但近年来相关主题的研究实证

---

① 兰旭凌．风险社会中的社区智慧治理：动因分析、价值场景和系统变革［J］．中国行政管理，2019（1）：140-145.

色彩浓重，案例研究成为最主要的研究策略。研究方法上的实证转向说明越来越多的研究者开始走向田野，通过观察和讲述信息技术赋能社区治理的中国故事探求社区治理智能化的规律，建构中国本土化社区治理理论。

当然，社区治理智能化的学术研究尚不成熟，在一定程度上落后于实践的发展，已有研究的不足和未来研究空间主要体现在三个方面：一是理论层面缺少亮点与突破，多数研究理论视角不清晰，缺少与已有社区治理、技术治理等理论和研究成果的对话，也没有提出新的分析性概念、理论框架与命题；二是时效性与整体性不足，案例分析方法虽然得到普遍运用，但研究往往就个案谈个案，缺少对当前形式多样的城市社区治理智能化创新实践的全景呈现与类型划分，研究的系统性不足，特别是对于作为复杂巨系统的超大特大城市如何探索社区治理智能化缺少经验研究。三是研究的深度不够，实证研究成果中涉及治理过程与技术应用的描述过多，现实问题背后影响因素与作用机制的挖掘和提炼不足，导致无法对不同类型城市社区治理智能化创新实践产生的差异性效果进行理论解释，影响了研究成果的学理贡献与政策指导价值。

第四节　研究方法

为了全面系统地对城市社区治理智能化的理论与实践进行描绘与阐释，本书综合运用案例研究法、深度访谈法、焦点小组访谈法、参与观察法等社会科学研究方法。

一、案例研究法

案例研究是指遵循一套预先设定的程序、步骤，对某一经验性、实证性课题进行研究的方式。[①] 案例研究主张运用访谈、观察、历史档案、自然实验等方法收集资料，并通过严谨规范的质性分析，对当代某类现象进行考察，得出带有普遍性的结论。案例研究法的研究成果近年来在中国公共管理核心刊物中占据越来越大的比重，被认为是当前和未来中国公共管理研究最主要的研究方法之一。[②] 城市社区治理智能化是当前新一代信息技术蓬勃发展背景下发生在中国各地社区的生动实践，案例研究是描绘和分析这一具有中国特色治理叙事的理想方法。案例研究虽然要包含讲述故事，但是案例研究的目标不是讲故事，而是产出知识，挖掘事实中的行为特征、关键条件、动力来源和因果联系。[③] 在本书中我们会呈现诸多当前我国城市社区治理智能化的典型案例，这些故事成为实证研究经验材料的来源，但是我们不会止步于讲述精彩曲折的故事。详细的案例描述旨在服务于本书的研究目标——分析、揭示与提炼城市社区治理智能化的内在逻辑和普遍规律，促进我国本土化公共管理理论与知识的增长。

---

① 罗伯特·K. 殷. 案例研究：设计与方法［M］. 周海涛，史少杰，译. 重庆：重庆大学出版社，2004：19.

② 侯志阳，张翔. 公共管理案例研究何以促进知识发展？——基于《公共管理学报》创刊以来相关文献的分析［J］. 公共管理学报，2020，17（1）：143-151,175.

③ 张静. 案例分析的目标：从故事到知识［J］. 中国社会科学，2018（8）：126-142，207.

二、深度访谈法

深度访谈是社会科学质性研究的一种主要方法，它通过与被调查者深入地交谈来了解某一社会群体的生活经历和生活方式，探讨特定社会现象的形成过程，并提出解决社会问题的思路和方法。[①] 深度访谈的优点在于它同时赋予采访者和受访者一定的自由度来共同探讨研究的中心问题。为了全面了解城市社区治理智能化创新实践过程、取得的经验和面临的挑战，本书对研究案例的知情者与关键人物进行了深入的访谈。访谈对象包括案例所在地区基层政府的领导与干部、社区居委会工作人员、技术企业负责人等，每次访谈时间为1—2个小时。访谈之前我们事前与被访对象协商确定了访谈提纲。在征得被访谈人同意的基础上，我们对访谈进行了录音，访谈结束后及时对录音进行整理，形成了近10万字的访谈记录。

三、焦点小组访谈法

焦点小组访谈作为一种研究方法，是对研究者拟定的特定话题通过组员之间的交流对话而进行材料收集的方法。这一方法的使用通常是针对某个特定主题，对参与者之间相同和不同意见进行观察、发现、交谈和分析，进而得出一定研究结论的过程。作为定性研究的焦点小组访谈法的优势在于能够深入研究对象中，提供丰富的、深度的描述，有助于研究者超越先入为主的理念，获得意外的收获

① 孙晓娥. 深度访谈研究方法的实证论析［J］. 西安交通大学学报（社会科学版），2012，32（3）：101-106.

和发现。[①] 焦点小组中多个参与者的讨论和对问题的回应，既可以帮助研究者解释某一现象及其成因，也可以开发出一些新的信息，从而深入探索所研究的问题。为了了解城市社区治理智能化建设开展的成效与问题，我们组织了多次焦点小组访谈，每次邀请10—20位案例所在小区居委会工作人员、物业工作人员及居民代表参加，每次小组访谈时间大约为1.5个小时。事先我们会将半结构化的讨论提纲交与被访对象，但是在讨论中我们建议被访者可以不局限于大纲上所列问题，尽可能将真实的想法表达出来，同时积极与参会其他人员展开讨论和交流，以期获得更为全面完整的信息。在这一资料收集过程中，笔者担任讨论主持人，同时聘请了一名研究助理协助进行笔录和录音工作。

四、参与观察法

参与观察法是质性研究中的一种典型方法。参与观察法要求调查者深入实地和现场，全身心地投入所调查研究的社群生活和文化环境中，长期或定期地住下来和当地人共同生活，参加他们的各种活动，以便从这个社会的内部来考察人们的种种行为和方式，全面了解该社会和文化的现状，类似蹲点调查。[②] 运用参与观察法，研究者可以描述发生了什么，所牵涉的人或物，事发的时间和地点，怎样发生，为什么发生等问题，尤其适用于研究人类活动所体现的社

① 方蒸蒸，程晋宽．“焦点小组访谈”的比较教育研究方法意义［J］．外国教育研究，2012，39（6）：19-25.

② 蔡家麟．试论田野作业中的参与观察法［J］．云南民族学院学报（哲学社会科学版），1994（1）：52-56.

会文化背景、事件的发生过程、人们与事件的关系及组合、事件的时间连贯性和模式等。[①] 本书的研究对象是城市社区治理中的智能化技术应用实践，我们运用参与观察的方法深入案例社区进行实地探访，一方面通过亲眼所见考察社区中智能化设备与应用日常管理运营现状，另一方面以社区居民的身份与居委会、物业及小区居民交流，通过亲耳所听了解他们对于社区治理智能化创新的评价与感受，以期获得关于城市社区治理智能化实践尽可能真实、细致与全面的信息。

第五节　研究思路与本书结构安排

本书遵循“问题提出—框架建构—实证探究—对策提炼”的总体研究思路。首先，基于当前我国城市社区治理智能化建设的背景和现实，在对相关研究进行系统回顾的基础上提出值得研究的学术问题；其次，梳理国家与社会关系、数字治理、公民参与、行动者网络等社区治理智能化相关理论，界定城市社区治理智能化的内涵，在此基础上从发挥政府主导作用与发挥居民自治作用两个维度建构城市社区治理智能化分析框架，将当前我国各类城市社区治理智能化探索分为技术增能、技术赋权、增能赋权与技术悬浮四种类型，并提出相应的理论命题；再次，考察社区通、社区大脑、掌上云社区、智慧社区 APP、“AI+”社区、社区“Yi”平台等城市社区治理

① 丹尼·L. 乔金森．参与观察法［M］．龙筱红，张小山，译．重庆：重庆大学出版社，2009：9.

智能化创新实践，验证分析框架与命题；最后，总结提炼城市社区治理智能化的推进策略和发展建议。

结构安排上本书共分为 9 个部分。第一章为绪论，介绍本书研究问题与研究意义，对国内外相关研究进行系统回顾和评述，提出本书的研究方法、研究思路与结构安排。第二章为理论基础，梳理国家与社会关系、数字治理、公民参与、行动者网络等城市社区治理智能化相关理论的发展沿革、主要内容与国内外应用成果。第三章为概念界定与分析框架建构，界定城市社区治理智能化相关概念，提出本书的分析框架与命题。第四、五、六、七章为实证研究，分别考察技术增能、技术赋权、增能赋权与技术悬浮四种类型城市社区治理智能化创新实践，总结创新的经验与不足，对本书提出的分析框架进行检验。第八章为政策建议，从四个方面提出我国城市社区治理智能化的发展思路。最后一部分为结语，总结全书主要研究发现和学术贡献，提出研究不足并对未来研究进行展望。

第二章　城市社区治理智能化的理论基础

城市社区治理智能化实践是数字化智能化时代的创新探索，深入理解和分析城市社区治理智能化的逻辑需要寻找恰当的理论工具。城市社区治理智能化具有社区与技术两方面理论基因，要从政治学、社会学、管理学等诸多学科的理论资源中汲取养分。本书认为，社区治理和技术治理研究中较多运用的国家与社会关系理论、数字治理理论、公民参与理论和行动者网络理论可以作为城市社区治理智能化的理论基础。

第一节　国家与社会关系理论

长期以来，国家与社会的关系一直是人类社会面对的终极话题之一，始终是政治学、社会学研究的热点问题，也是社区治理研究重要的思想基础和理论框架。西方学术界关于国家与社会关系的理论探讨有一个逐步演进的过程。

在西方文明诞生之初的古希腊时期，现实中的国家与社会是合而为一的，这种状况反映在理论上就是“一元论”思想。如亚里士多德认为，国家就是社会，社会就是国家，国家是公民的国家，社会是国家的社会，两者是融为一体的。公务即是私务，私务即是公务，一个好公民必然是积极参与城邦事务的人，据此他明确提出“人天生是一种政治动物”①。到了古罗马时期，国家与社会开始一定程度的分离，在个人与国家关系的处理上，人们更多的是持有一种个人主义而非集体主义的态度，更多强调国家对公民个人的保护而非公民为国家提供服务。到了中世纪，国家与社会进一步分离，形成了国家与社会的“二元论”思想。国家沦为上帝意志的体现，基督徒彼岸追求的弃物，维持世俗秩序的工具。中世纪社会观念认为政治权力机构只是社会众多机构之一，而且教会是一个独立社会，这就进一步推动了社会与政治组织的分化。②

18 世纪法国的启蒙运动和英国的工业革命开启了世界现代化进程，西方学者运用辩证的思维，围绕国家主权和社会人权的本位关系展开了争论，形成了国家与社会关系经典理论。其中，洛克的传统与黑格尔的传统是两种影响最为深远、分歧最为重要的思想主张，可以说洛克和黑格尔分别开创了对于国家与社会关系的社会中心主义路径和国家中心主义路径。③ 洛克所开创的社会中心主义路径的核心思想在于社会优于国家，因此在国家与社会之间的关系上主张社会决定国家。在洛克看来，社会相对于国家来说具有价值上的优先性，国家不过是在特定范围内服务于社会的工具，它只能被限制在

---

① 亚里士多德．政治学［M］．颜一，秦典华，译．北京：中国人民大学出版社，2003：1.

② 王建生．西方国家与社会关系理论流变［J］．河南大学学报（社会科学版），2010，50（6）：69-75.

③ 邓正来．国家与社会［M］．北京：北京大学出版社，2008：21-33.

适当的范围内，国家的扩张必将是有害的，主张借用国家力量对社会进行建构则是更为危险的。而黑格尔开创的国家中心主义路径的核心思想在于国家优于社会，因此在国家与社会关系上主张国家决定社会。在黑格尔看来，现代市民社会是以盲目、专断、准自发的方式发展的，它是一个私人利益与私人利益相对抗的无休止的战场。社会的缺陷需要公共权威进行补救，这就是要将各种特殊利益融进一个代表着普遍利益的共同体之中，这种代表普遍利益的公共权威就是国家。黑格尔认为，国家本身是目的，个人和社会是为国家而存在的，个人的自由与权利只有符合实现国家这一最高目的时才有意义。此时国家已不仅是中心，而且是个人乃至整个社会的本质与意义之所在。无疑，黑格尔将国家中心主义发挥到了极致。①

尽管洛克和黑格尔在国家与社会关系上的主张截然相反，但是他们却拥有一致的逻辑起点，即社会与国家是两个不同的领域或者说国家与社会的二元分立格局，并由此发展形成国家与社会关系的理论主张，大致包括以下内容：第一，国家是有限度的，国家不可能容纳人类社会的全部，国家之外还存在社会，社会的存在构成了限制国家的力量。第二，国家与社会在价值追求上各有优先考虑，国家的性质决定了必须将秩序作为其首要目标，而社会的性质则决定了它将自主空间作为首要目标，不同的价值追求意味着国家与社会不可避免地存在冲突。第三，国家为了维持秩序而不得不对社会进行渗透和控制，而社会为了捍卫自主空间就会对国家行为进行抵制和反抗，因此国家与社会之间的二元分立格局不是一个静态的模

① 庞金友．近代西方国家与社会关系理论的逻辑与特点［J］．天津社会科学，2006（6）：63-66，72.

型，而是一个充满了对抗色彩的动态过程。第四，虽然国家与社会各有其边界，但是这种边界往往被对方打破，它们都在影响和塑造对方，可以说国家与社会是相互影响、彼此塑造的。①

中国漫长的封建社会时代，由于受财力、统治技术和条件的各种限制，国家的权力触角止于县政，在县以下实质维持一种乡绅和宗族精英的自治，他们作为一个阶层平衡着国家与社会的利益，维持着国家与社会的协调。新中国成立后至改革开放前的中国是一个总体性社会。国家与社会合为一体以及资源和权力高度集中，一个相对独立的、带有一定程度自治性的社会已不复存在。② 改革开放后，中国的国家与社会关系演变的独特特点是，在国家与社会不断分离的同时，又出现了国家同社会新的结合。20 世纪 90 年代以来，中央政府积极地推动了“社区建设”，试图通过加强街道/居委会的治理能力来弥补由于单位制的弱化而导致的国家对城市社区的控制和渗透能力的下降。与此同时，社区建设与社区治理的研究成为国内政治学、社会学和公共管理学研究的热点问题，国家与社会关系成为这个主题的经典研究范式。③

国家与社会研究范式对于从宏观整体层面理解基层社会的发展变迁具有解释力，但是由于国家与社会关系理论中被纳入分析框架的主体是整体的（作为整体的国家和作为整体的社会）而不是分化

---

① 汪仕凯．从国家—社会分析框架到政治社会理论：再论现代国家的政治基础［J］．社会主义研究，2018（3）：70-77.

② 孙立平，王汉生，王思斌，等．改革以来中国社会结构的变迁［J］．中国社会科学，1994（2）：47-62.

③ 肖林．现代城市社区的双重二元性及其发展的中国路径［J］．南京社会科学，2012（9）：55-61.

的，是二元的而不是多元的，一旦被研究的主体并不像其所假定的那样具有整体性，国家与社会关系范式的局限性也就凸显出来。① 因此，国家与社会关系理论运用于社区治理的首要任务是明晰在社区这个治理场域中何为国家、何为社会。而我国城市社区的具体情景可以将国家和社会从抽象概念的辨析层面落实到可操作化的行动者层面，这也成为国家与社会关系分析框架能够较好解释中国社区治理的根本原因。② 许多研究认为，我国居委会承担了国家职能，是国家触角在基层社会的延伸。③ 在大多数城市居民看来，居委会就是当地政府的代表，居委会干部等同于国家或政府工作人员。但也有研究认为，过分夸大居委会的类国家职能而可能忽略了其自主性和行动空间。居委会在一定程度上是街道下属的准行政组织，但又不是对街道言听计从的附庸。街道和居委会之所以是两个不同的主体，不仅因为它们在行政网络中处在不同的位置，还因为它们对于社区事务有着不同的理解。④ 相比于居委会，社区中的党组织（社区党支部）是社区治理中国家力量的典型代表。近年来，党建引领社区治理和基层治理能力与治理体系现代化等战略的推进，体现了国家向基层社会和社区的进一步渗透，加强党的领导成为当前中国特色社区治理模式的最主要特征。最新的研究认为，社区党组织不仅是国家的代言，也是社会的代表，兼具政治性与社会性。社区党支部

① 马卫红，桂勇，骆天珏．城市社区研究中的国家社会视角：局限、经验与发展可能［J］．学术研究，2008（11）：62-67，159.

② 王巍．国家—社会分析框架在社区治理结构变迁研究中的应用［J］．江苏社会科学，2009（4）：106-112.

③ 徐珂．居委会能成为社区居民自治组织吗？［J］．社会，1998（10）：37-38.

④ Pan，Tianshu. *Neighborhood Shanghai*：*Community Building in Bay Bridge*［D］．Cambridge：Harvard University Department of Anthropology，2002：103.

成为调动居民参与的核心、整合多元力量的中心以及沟通政府与居民的桥梁。① 当前，社区治理中社会力量的代表越发多元，业委会、居民、社会组织、驻区企业是社区社会力量的典型代表。研究认为，社区治理中社会组织与基层国家形成了基于资源交换的互惠关系。通过结合，国家的基层治理能力得到了提升，同时社会组织得到了授权得以进入国家控制的领域，进而实现自己的组织目标。这种结合模糊了国家与社会之间的界限，有益于国家与社会的整合而不是促进它们的分离。②

从国家与社会关系角度理解中国的社区治理大致存在三类观点。一类秉承黑格尔国家本位传统，认为国家力量通过向基层社区渗透实现对社会的主导和控制，社区治理是国家推行社会管理体制变革和强化行政权力对社会进行整合的结果。政府通过自上而下的变革和规划推动国家和社会关系的变迁，在一定程度上可以理解为党与国家的实现其目标而做出的新的制度安排与结构调整。③ 持国家本位观点的学者将中国社区管理体制的变革看作国家政权建设工程的一个有机组成部分，社区组织的发展至多是基层政权建设的有限“副产品”④。另一类观点秉承洛克社会本位传统，认为改革开放后的社会转型为城市基层社会带来了一个独立于国家的社会空间的可能，

① 韩冬雪，胡晓迪．社区治理中的小区党组织：运作机理与治理效能——基于党、国家与社会关系的研究［J］. 行政论坛，2020，27（3）：11-18.

② 赵秀梅．基层治理中的国家—社会关系——对一个参与社区公共服务的 NGO 的考察［J］. 开放时代，2008（4）：87-103.

③ Derleth J，Koldyk D R. *The Shequ Experiment*：*Grassroots Political Reform in Urban China*［J］. Journal of Con-temporary China，2004，13（41）：747-777.

④ 王巍．社区治理结构变迁中的国家与社会［M］. 北京：中国社会科学出版社，2009：36.

应该减弱国家对社会领域无所不在的控制和对社区组织独立性的干预等。强调自上而下的社区各类组织的设立将带来社区内生力量的成长，将会逐步扩大和增长社会自主空间，甚至认为中国社区层面已经出现公民社会的特征或者在一定程度上已经出现了公民社会的先声。① 例如，住房私有化改革后，大量城市社区成立了业主委员会。研究认为，业委会在帮助业主维权的同时也为社区自治注入了活力，并且将最终对国家与社会关系的重塑产生重要影响。② 业委会在与基层政权争夺权力与空间的过程中发展为一个具有市民社会性质的新公共空间。③ 近年来，不同于国家中心论与社会中心论的第三种研究路径——国家与社会“互动论”在社区治理研究中逐渐引发关注。比较典型的是从强弱对比角度提出的四种互动模式：“弱国家—弱社会”模式，“强社会—弱国家”模式，“强国家—弱社会”模式，以及“强国家—强社会”模式。有学者认为，在我国社区治理中，同时存在着代表国家的政府行政力量和代表社会的各种基层自治力量，两种力量之间既有冲突，也有合作，当前总体上政府行政力量相对于基层自治力量更加强势，政府社会力量采取了分类控制的策略。④ 康晓光用行政吸纳社会这一概念概括中国大陆国家与社

① 夏建中．中国公民社会的先声——以业主委员会为例［J］．文史哲，2003（3）：115-121.

② Shi F，Cai Y. *Disaggregating the State*：*Networks and Collective Resistance in Shanghai*［J］. China Quarterly，2006（186）：314-332.

③ 张磊，刘丽敏．物业运作：从国家中分离出来的新公共空间——国家权力过度化与社会权利不足之间的张力［J］．社会，2005（1）：144-163.

④ 康晓光，韩恒．分类控制：当前中国大陆国家与社会关系研究［J］．社会学研究，2005（6）：73-89，243-244.

会关系的结构特征。① 当前，更多学者认为，我国社区建设的趋势和目标要通过向社会赋权走向国家与社会相对力量均衡，探索一条适合中国特色社会主义的“强国家—强社会”模式。② 林尚立指出，中国的经济、政治和社会发展将在社会主义架构下孕育出超越“强国家—弱社会”与“弱国家—强社会”的两极选择，而形成“强国家—强社会”的新局面。③

党的十九大报告提出，加强社区治理体系建设，推动社会治理重心向基层下移，发挥社会组织作用，实现政府治理和社会调节、居民自治良性互动。这一重要表述背后实际蕴含着我国国家与社会关系在社区治理层面要向“强国家—强社会”方向转型。国家与社会形成共同的“利益契合”点。对国家而言，社会建设的推进有助于提升国家治理能力与治理绩效；对社会而言，加快社会建设进程拓展了社会力量的发展和运转空间。④ 在社区层面，“强国家—强社会”关系模式表现为政府和社会对社区公共事务进行共同治理和合作管理，即实现社区多元共治。在社区治理体系中代表国家力量的基层党组织和基层政府以及代表社会力量的基层群众自治性组织和其他社会力量都是治理主体。基层党组织和基层政府能对社区治理提供政策支持、财力物力保障和能力建设指导。基层群众自治性组

---

① Xiaoguang K, Heng H. *Administrative Absorption of Society: A Further Probe into the State-Society Relationship in Chinese Mainland* [J]. Social Sciences in China, 2007 (2): 116-128.

② 胡文木. 强国家—强社会：中国国家治理现代化的结构模式与实现路径 [J]. 学习与实践, 2020 (2): 18-24.

③ 林尚立. 社区民主与治理：案例研究 [M]. 北京：社会科学文献出版社, 2003.

④ 郁建兴, 关爽. 从社会管控到社会治理——当代中国国家与社会关系的新进展 [J]. 探索与争鸣, 2014 (12): 7-16.

织即社区居委会具有开展社区协商、服务社区居民的能力，保障社区居民参与社区管理和服务的权利。发育成熟的社会组织能通过多种形式参与社区服务和社区管理，实现社会组织与政府在社区层面的合作共治。① 社区治理场域中的国家与社会关系实现以控制为核心的行政吸纳社会向以支持为核心的行政吸纳服务的转型。② 在社区治理过程中，社区党组织、居委会和社会组织通过组织拓展、职能合作和资源整合实现国家与社会力量在社区层面的互补与镶嵌，并达到国家与社会的良性互动。③ 国家与社会通过一系列的参与、协调与互动机制，来实现对行政、社会、市场资源的整合和分配，达到国家与社会相互赋权（mutual empowerment），双方在这个过程中实现各自职能和作用的强化，达到社区治理效果的最优化。④

第二节　数字治理理论

21 世纪以来，信息通信技术飞速发展，西方学者主张运用新兴技术改革政府运作方式、优化管理流程、提高效率以回应政府面临的多重挑战，数字治理理论（digital governance theory）或称为数字

① 王妮丽．国家与社会关系视角下我国社区治理模式思考［J］．云南师范大学学报（哲学社会科学版），2019，51（1）：108-113．

② 唐文玉．行政吸纳服务——中国大陆国家与社会关系的一种新诠释［J］．公共管理学报，2010，7（1）：13-19，123-124．

③ 吴咨桦．社区建设中的“国家—社会”互动：互补与镶嵌［D］．杭州：浙江大学，2014．

④ 林曦．国家与社会相互赋权：中国社区治理的新型路径分析［J］．东南学术，2019（6）：12-19．

时代的治理理论（digital era governance theory）正是在这样的背景下诞生的。数字治理理论是治理理论与互联网数字技术结合催生的新的公共管理理论，数字治理理论产生于新公共管理运动之后，是治理理论的分支理论，与网络化治理理论、整体性治理理论合称为后新公共管理时期的主要理论。

数字治理理论的代表人物是英国学者帕却克·邓利维（Patrick Dunleavy）。邓利维从新公共管理运动的衰微以及数字时代治理兴起的时代背景阐述数字治理理论。邓利维认为，当前人类社会已经进入“数字时代”。信息技术以及信息处理是这个时代各种变化的核心，这一变化与以前任何时候的变化相比，它的影响面更广并且在更广泛的层面上发挥着作用。这种新的时代特征给政府治理带来了前所未有的挑战，这就要求各国的公共管理者必须使用新的理念和方式去适应新环境。政府信息技术成为当代公共服务体系现代化变革的重中之重，因为信息技术不仅在这些变革中发挥着重要作用，而且占据许多公共管理的中心位置。数字时代的来临给政府治理方式带来了诸多变革和挑战，政府在内外部沟通中大规模地运用电子通信方式，电子政务在十多年的时间内从早期的办公自动化走向在线服务和移动政务，数字化智能化设备广泛运用于政府业务办理，显著提升了工作效率。邓利维把这一新思想和新变革的集合称为数字时代治理，强调信息技术和信息系统在有效配置公共服务和向公民以及顾客提供服务中的重要性。

数字时代治理理论建立在两个重要背景之上。其一是新公共管理的衰微。20 世纪 90 年代以后，新公共管理改革过程中日渐显现出一些难以克服的缺陷，也带来了碎片化、成本高等问题，因而招致不少批评。学者采用“几乎衰落”或“过去高峰”的各种委婉语来描述新公共管理当前的状态，如胡德（Hood Christopher）和彼得斯（Peters Guy）在2004年承认新公共管理处于“中年期”，积累了很多矛盾。① 而邓利维更加直截了当地指出，过去占主导的新公共管理理念已经寿终正寝。② 不少学者试图提出替代模式，如针对新公共管理导致的碎片化而提出的整体性治理理论，对新公共管理提出全面批评的新公共服务理论，强调改进公共政策执行和公共服务供给过程与结果的新公共治理理论及公共价值理论等。其二是信息技术的发展。以互联网、移动互联网、大数据、云计算、物联网、人工智能等为代表的新一代信息技术、应用以及与之相应的新理念已经深刻改变了传统政府治理方式。借助数字技术对公共部门开展改革成为重要诉求，推动世界主要国家由电子政务时代进入数字治理时代，也推动电子政务理论演进为数字治理理论。技术治理理论从技术创新角度为数字治理理论提供了坚实的理论依据。如巴利（Barley S. R.）提出“技术作为触发器”的模型，发现新技术虽未决定组织变迁，却触发了组织变迁。③ 简·E. 芳汀（Jane E. Fountain）提出技术执行框架，她将技术分为客观的技术和被执行的技术，认为技术的执行结果会对客观的技术和制度安排产生一种反馈效应。④ 技术—组织—环境（TOE）模

① Christopher H，Guy P. *The Middle Aging of New Public Management：Into the Age of Paradox?*［J］. Journal of Public Administration Research & Theory，2004（3）：267-282.

② Patrick Dunleavy. *New Public Management is Dead -Long Live the Digital Era Governance*［J］. PublicAdministration Research and Theory，2006，16（3）：467-494.

③ Barley S R. *Technology As an Occasion for Structuring：Evidence from Observations of CT Scanners and the Social Order of Radiology Departments*［J］. Administrative Science Quarterly，1986，31（1）：78-108.

④ 简·E. 芳汀. 构建虚拟政府：信息技术与制度创新［M］. 邵国松，译. 北京：中国人民大学出版社，2010.

型也认为信息技术的引入会对组织产生影响，而这种影响受到组织所处环境的左右。这些观点对数字治理理论的影响显而易见，或者至少它们在理论内核上是相通的。数字治理理论体现了信息时代政府治理的特点与需求，它的出现有其必然性和可行性。①

邓利维提出的数字时代治理理论的主要内容包括三个方面。一是重新整合，指重新收回民营化运动、新公共管理运动过程中从政府里分离出去的职能并加以整合，包括逆部门化和碎片化、协同式治理、重新政府化、恢复或重新加强核心流程、极大地降低行政成本、重塑支撑公务的供给链、集中采购和专业化、以“混合经济模式”为基础、网络简化九个方面内容。二是以需求为基础的整体主义，强调降低行政成本并减少不必要的程序、制约及形式主义，包含互动地搜寻和提供信息、以顾客和功能为基础的组织重建、一站式服务、数据库、重塑结果取向的服务、灵活的政务流程、可持续性七个方面要素。三是数字化变革，这是一种全新的、完全的变革，它试图使政府机构成为“一个网站”，包含电子服务交付、以网络为基础的效用处理、国家指导的集中信息技术采购、新形式的自动化流程、减少中间层、渠道分流和顾客细分、减少受控渠道、加强自主管理和走向开放式管理九个方面内容。数字治理理论为各级政府提供了新的治理方案。重新整合旨在解决新公共管理带来的碎片化问题，以需求为基础的整体主义中的各部分远远超出传统公众参与治理过程的范畴，它简化并变革政府机构和顾客之间的整体关系，数字化变革的主要影响是实现政府部门内的组织变革和文化变革，

---

① 翁士洪．数字时代治理理论——西方政府治理的新回应及其启示［J］．经济社会体制比较，2019（4）：138-147.

以及外部的公众和社会活动者的行为改变。①

另一位数字治理理论的代表性学者是美国学者米拉科维奇（Milakovich），2012 年他出版了《数字治理：提高公共服务和参与的新技术》一书，书中阐述从电子政务到数字治理的转变，为政府改革提供了理论支持。米拉科维奇认为，电子政务的发展可以分为存在、互动、交易和转化四个阶段。“存在”是电子政务最初级阶段，仅向公民提供信息；“互动”阶段允许公民和政府进行接触和互动；“交易”阶段可以为公民提供便捷的方式来获取政府提供的服务；“转化”阶段则更为全面和系统，可以为公民提供多渠道和双向的服务。信息和通信技术为传统的公民参与注入了新的活力。越来越多的公民通过电子政务参与发挥着自己在政府决策中的作用。政府扩大了对信息通信技术的利用来促进公民参与，从而将电子政务转型为数字治理。在这一转型过程中，政府做的不仅仅是简单地提供信息和服务，而是要强调以公民为中心的双向互动，从通过电子政务提高公共服务的传统形式向数字治理的新形式过渡，强调了公民参与和信息技术对实现这一转型的重要性。米拉科维奇认为，数字治理的预期好处是多方面的，公民可以获取更广泛的政府服务，拥有更高的公民参与度，可进一步整合政府运作，降低成本，并提高政府服务的质量和效率。这些好处使得政府对将电子政务转型为数字治理有了更为迫切的需要。②

---

① Dunleavy P, Margetts H, Bastow S, et al. *Digital Era Governance: IT Corporations, the State, and e-Government* [M]. Oxford: Oxford University Press, 2006: 228-236.

② 郑跃平，Hindy L. Schachter. 电子政务到数字治理的转型：政治、行政与全球化——评 Digital Governance: New Technologies for Improving Public Service and Participation [J]. 公共行政评论，2014, 7 (1): 170-177.

米拉科维奇从政治、行政与全球化的角度来看待数字治理。从政治角度来看，信息和通信技术通过增强民主来改变政治体制。信息通信技术的引入提供了更为便利的公民参与工具，有利于民主的实现。在这一背景下，信息通信技术所提供的多元化沟通渠道增强了以公民为中心的治理方式，并强调了公民在政府决策过程中的重要作用。从行政角度来看，公共机构需要与公民、利益相关者和政府官员一起建立均衡的绩效标准来满足不同人群的偏好。数字治理对于政府绩效的提高，是通过为公民和政府提供共同的机会来降低互动成本、缩短时间，并消除繁重的文书工作，从而将人力资源和信息技术整合并提高生产率。从全球化角度来看，数字治理正在成为渗透到各个国家各个行政分支的一个全球化趋势。利用互联网改善教育、医疗和社会保障等领域也成为削弱全球化负面影响的方法之一。米拉科维奇对所选择地区的数字治理进展进行了比较，展示了各个国家如何在经济发展的不同时期利用信息和通信技术去应对金融与经济危机，克服数字鸿沟，并应对自然和人为的灾害。①

数字治理理论缘起于对新公共管理运动负面后果的反思，作为一种新型的治理理论准范式，它既有效地应对了新公共管理运动带来的碎片化问题，又为数字时代的政府公共管理实践提供了新的治理思路与治理框架。② 与其他公共行政理论或是偏重价值理性或是偏重工具理性不同的是，数字时代治理理论既不属于工具理性谱系，也不属于价值理性谱系，而是开创了工具—价值趋于平衡的

① Milakovich M E. Digital Governance: *New Technologies for Improving Public Service and Participation* [M]. London: Routledge, 2012: 115-191.

② 韩兆柱，马文娟．数字治理理论研究综述［J］．甘肃行政学院学报，2016（1）：23-35.

理性谱系。[①] 数字治理理论发展至今只有20余年历史，但其学说已经影响英国、美国、加拿大、新西兰、荷兰等国家。国内学界最早提出数字治理概念的学者是华中科技大学徐晓林教授，他将数字治理定义为政府与市民社会、政府与以企业为代表的经济社会的互动和政府内部的运行中运用信息技术，易化政府行政，简化公共事务的处理程序，并提高其民主化程度的治理模式。[②] 2008年，复旦大学竺乾威教授出版的《公共行政理论》一书是国内最早介绍邓利维数字时代治理理论的著作。这些早期的研究推动了后续学者对数字治理理论的关注和讨论。国内数字治理研究经历了从概念体系引介到治理实践应用的演进过程，其研究内容主要集中在数字治理的内涵、数字政府实践、数字治理能力、数据开放与共享等方面。[③] 有学者结合国家治理体系和治理能力现代化的改革总目标提出数字治理体系与数字治理能力的概念，数字治理体系指的是数字社会形态下具有相对规定性、固定性和稳定性的制度框架，数字治理能力是指各治理主体在资源处理、权益配置、行为协同等方面能够实现治理目标的核心要素，包括技术能力、规范能力和组织能力。[④] 针对国内数字政府实践，已有研究对浙江省“最多跑一次”改革[⑤]、上海市

① 王少泉．数字时代治理理论：背景、内容与简评［J］．国外社会科学，2019（2）：96-104.

② 徐晓林，刘勇．数字治理对城市政府善治的影响研究［J］．公共管理学报，2006（1）：13-20，107-108.

③ 王洛忠，闫倩倩，陈宇．数字治理研究十五年：从概念体系到治理实践——基于CiteSpace的可视化分析［J］．电子政务，2018（4）：67-77.

④ 鲍静，贾开．数字治理体系和治理能力现代化研究：原则、框架与要素［J］．政治学研究，2019（3）：23-32，125-126.

⑤ 郁建兴．“最多跑一次”改革：浙江经验、中国方案［M］．北京：中国人民大学出版社，2019.

“一网通办”[①]、江苏省“不见面审批（服务）”[②]、“云上贵州”[③] 等进行案例研究，发现了各地推进数字政府建设面临的共性问题。数字治理能力方面的研究以中国各级政府网站[④]、政务服务平台[⑤]、政务新媒体[⑥]、政府数据开放平台[⑦]为对象，运用实证研究方法分析政府数字治理能力的影响因素。随着数字治理实践的发展，政府部门数据共享难成为制约数字政府和数字治理绩效的关键因素。学者围绕政府数据开放共享新技术[⑧]、理论模型[⑨]、平台发展[⑩]、法制化[⑪]、

① 赵勇，曹宇薇．“智慧政府”建设的路径选择——以上海“一网通办”改革为例［J］．上海行政学院学报，2020，21（5）：63-70.

② 李军鹏．基于“互联网+”的放管服改革研究——以江苏省“不见面审批（服务）”与江苏政务服务网建设为例［J］．电子政务，2018（6）：74-80.

③ 周雅颂．数字政府建设：现状、困境及对策——以“云上贵州”政务数据平台为例［J］．云南行政学院学报，2019，21（2）：120-126.

④ 谭海波，范梓腾，杜运周．技术管理能力、注意力分配与地方政府网站建设——一项基于 TOE 框架的组态分析［J］．管理世界，2019，35（9）：81-94.

⑤ 王法硕．省级政府“互联网+政务服务”能力的影响因素——基于 30 个省级政府样本的定性比较分析［J］．东北大学学报（社会科学版），2019，21（2）：173-179.

⑥ 孙宗锋，郑跃平．我国城市政务微博发展及影响因素探究——基于 228 个城市的“大数据+小数据”分析（2011—2017）［J］．公共管理学报，2021，18（1）：77-89，171.

⑦ 徐丽新，袁莉．地方政府数据开放门户的成熟度评估研究［J］．图书情报工作，2019，63（12）：52-58.

⑧ 张楠，赵雪娇．理解基于区块链的政府跨部门数据共享：从协作共识到智能合约［J］．中国行政管理，2020（1）：77-82.

⑨ 王芳，储君，张琪敏．跨部门政府数据共享：一个五力模型的构建［J］．信息资源管理学报，2018，8（1）：8，19-28.

⑩ 雷玉琼，苏艳红．地方政府数据开放平台发展模式及绩效差异［J］．中国行政管理，2020（12）：40-46.

⑪ 张亚楠．论政府数据开放立法的路径及其选择——以《贵阳市政府数据共享开放条例》为例［J］．中国行政管理，2020（2）：38-44.

影响因素①、隐私保护②、障碍与治理③等问题展开了丰富的讨论。随着研究的深入，国内学者认识到，数字治理不但能够在提升政府效率效能、提高公共服务水平、扩大公众参与等方面发挥积极作用，还可能影响人的体验和感受，抑制人的自主性和参与度，损害人的权益和尊严。数字治理的终极目标应以人为中心，而不是以数字为中心，数字治理应以人的感受为出发点和落脚点，做到有所为，有所不为，把握好效度、温度和尺度。④ 党的十九大报告提出建设数字中国，党的十九届五中全会提出了加快数字化发展的新要求。2021年以来，上海市、浙江省等多个地区率先启动了数字化转型或数字化改革的新议程。当前国内数字治理的重点已经从政府数字化转型发展到全局数字化发展的跃迁。⑤ 未来我国数字治理的研究要坚持多学科交叉融合的研究策略，运用定性与定量相结合的方法，聚焦社会数字化、智能化发展过程中的新问题与新挑战开展高质量的理论与实证研究，推进本土化数字治理理论建构，为数字中国建设提供方案和智慧。

---

① 李重照，黄璜．中国地方政府数据共享的影响因素研究［J］．中国行政管理，2019（8）：47-54.

② 张聪丛，郜颖颖，赵畅，杜洪涛．开放政府数据共享与使用中的隐私保护问题研究——基于开放政府数据生命周期理论［J］．电子政务，2018（9）：24-36.

③ 李珒．协同视角下政府数据共享的障碍及其治理［J］．中国行政管理，2021（2）：101-106.

④ 郑磊．数字治理的效度、温度和尺度［J］．治理研究，2021，37（2）：2，5-16.

⑤ 高翔．建立适应数字时代的政府治理新形态［J］．探索与争鸣，2021（4）：141-146，179-180.

第三节　公民参与理论

公民参与是西方政治学、社会学、公共行政学等学科重要的研究领域。何为公民参与？不同学者对公民参与的含义理解有所不同。影响决策说认为公民参与是公民影响政治和政策决策的行为。如亨廷顿和纳尔逊就将公民政治参与定义为平民试图影响政府决策的活动。①合法程序说认为，公民参与是指按照法定程序参与政治过程的行为，而未按照法定程序或者说非法地参与不属于公民参与的范畴。自觉说认为公民参与是公民自愿地通过各种方式参与政治生活的行为，而不包括公民被动的参与。行为—态度说认为，公民政治参与不仅包括行为，还包括对政治知识的学习认知活动和政治态度。② 普通公民说认为，公民参与指的是普通公民参与政治和政策过程的活动，不包括政府官员、政治家和政客等职业政治活动家的行为和活动。

参与和民主直接相连，民主意味着参与，没有某种参与，就没有民主。因此，公民参与理论的流变随着民主理论的演变而发生。③民主和公民参与的理论渊源最早可以追溯到古希腊雅典的公民大会，古希腊雅典直接民主即古典主义民主被认为是民主的源头。古典民

---

① Huntington S P, Nelson J M. *No Easy choice* : *Political Participation in Developing Counties* [M] . Cambridge, Mass: Harvard University Press, 1976: 1 -10.

② 帕特里克·J. 孔奇. 政治参与概念如何形成定义 [J]. 国外政治学, 1989 (4): 7-37.

③ 陈国营. 公民参与研究述评: 理论演变与焦点转移 [J]. 中共浙江省委党校学报, 2010, 30 (1): 49-55.

主主义参与理论认为公民是积极能动的公民，关心政治，重视公共生活，亲身参与政治讨论和政策决定。不同于古典民主的直接参与，现代民主采取公民间接参与形式，被称为代议制民主。公民的民主权利主要体现在选举代表，国家事务则由代表们决定，公民对政策和公共事务的参与主要是间接的。代议制民主和间接参与认为，直接民主只适合小国寡民，随着国家规模和人口数量的扩大，直接民主在技术上无法操作，决策成本高昂，普通群众没有足够的知识和理性就国家公共事务做出正确的判断和选择。代议制民主造成精英对政治权力的垄断、对普通公民个人自由的压制、社会不平等等问题而遭到批判。20世纪60年代提倡复兴公民直接参与的参与式民主兴起。佩特曼（Carole Pateman）指出，参与民主主张真正的民主应当是所有公民直接、充分地参与公共事务的决策，从政策议程的设置到政策的执行。[①] 巴伯（Benjamin Barber）认为自由主义民主是一种弱势民主，要建立一种强势民主，让公民通过共同讨论、共同行动、共同工作来解决共同体的问题，并将公民参与制度化，促使强势参与变为可能和现实。[②]

上述讨论主要是基于公民参与政治活动而展开，传统公共行政对公民参与行政管理过程持反对态度。威尔逊（Thomas Woodrow Wilson）甚至认为："对政府日常管理措施的选择直接施加公众批评，这无疑是一种愚蠢的妨害。"[③] 传统公共行政认为，政治行使政策制定功能，行政行使政策执行功能，公民的核心作用应是在界定

① 卡罗尔·佩特曼．参与和民主理论［M］．陈尧，译．上海：上海世纪出版集团，2006：2.

② 本杰明·巴伯．强势民主［M］．彭斌，吴润洲，译．长春：吉林人民出版社，2006.

③ 威尔逊．行政学研究（中译文）［J］．国外政治学．1988（1）.

“国家意志”时的参与。① 总之，传统公共行政认为公民参与等同于政治参与，将公民参与局限在政治领域。20 世纪 60 年代以来，公民参与逐步突破了政治学研究范畴，成为公共政策和公共行政学科讨论的主题。1968 年第一次明诺布鲁克会议的召开标志着新公共行政学派的产生。新公共行政理论包含有丰富的公民参与思想，并将公民参与视为维护公共价值、实现民主行政的重要一环。新公共行政学派的旗手乔治·弗雷德里克森（George Frederickson）认为，新公共行政对回应性和社会公平的承诺蕴含着参与。② 1969 年，阿恩斯坦（Arnstein）在《美国规划师学会杂志》发表了《公民参与的阶梯》一文，她把公民参与分为八个阶梯三个层次，其中最高层次是合作伙伴关系、代表权和公民控制。第二个层次的参与是象征性的，包括纳谏、咨询和知情，这一层次中公民对政府决策产生一定的影响。第三个层次是指非参与形式，包括训导和操纵，这是由官方操纵公民参与达到训导的目的，公民只是“在场”而非真正参与。③康纳（Connor）对阿恩斯坦的阶梯理论进行了修正，提出包括教育、信息反馈、咨询、联合规划、调解、诉讼、解决/预防等层次的新公民参与阶梯理论。④ 克莱顿·托马斯（Clayton Thomas）将公民参与视为根据环境的变化选择不同参与程度、采取不同参与形式的过程。

---

① 马小娟．西方公共行政理论演进中的公民参与观检视［J］．广东行政学院学报，2010，22（2）：55-58.

② 乔治·弗雷德里克森．新公共行政［M］．丁煌，方兴，译．北京：中国人民大学出版社，2011：8.

③ Arnstein S. *The ladder of citizen participation*［J］. Journal of the American Institute of Planners，1969：216-224.

④ Connor，D M. *A new ladder of citizen participation*［J］. National Civic Review，1988，77（3）.

托马斯认为，促进有效决策的参与策略分两步，第一步要确定决策类型，第二步要选择恰当的公民参与工具，确定决策类型的实质是确定公民参与的适宜度。根据公民参与决策的程度，他将决策类型分为独裁或自主式管理决策、改良的自主管理决策、分散式的公众协商、整体式的公众协商和公共决策五种类型。①

美国学者艾伯顿（Ebdon C.）倡导的参与式预算模型主张公民影响预算决策，获得关于预算领域的专业教育和培训，协助宣传预算规划等。② 20 世纪 90 年代开始风靡全球的新公共管理运动强调以管理主义改革政府，主张分权和市场化。新公共管理视公民为顾客，从重视公民的选择权、知情权和加强政府对公民回应的角度促进公民参与。但是，必须指出新公共管理更多强调的是效率和市场化，用企业家精神改造政府，而公民权和参与仅仅是改革的副产品而已。新公共管理理论虽然在全球范围内产生深远影响，但是不乏对其的激烈批评。登哈特夫妇提出的新公共服务理论成为替代新公共管理理论的代表。新公共服务理论包含丰富的公民参与思想，强调公共利益在公共行政中处于中心地位，而广泛的公共对话和评议是实现公共利益的重要途径。公民和政府之间应建立一种积极的关系以增进公民权，要鼓励公民参与到公共政策过程。③ 20 世纪 90 年代以后，伴随着资本主义国家普遍的治理失灵，各类国家与政府改革的

---

① 约翰·克莱顿·托马斯. 公共决策中的公民参与［M］. 孙柏瑛，等译. 北京：中国人民大学出版社，2010：27-60.

② Ebdon C. *Beyond the Public Hearing*：*Citizen Participation in the Local Government Budget Process*［J］. Journal of Public Budgeting Accounting & Financial Management，2002，14（2）：273-294.

③ 珍妮特·登哈特，罗伯特·登哈特. 新公共服务：服务，而不是掌舵［M］. 于煌，译. 北京：中国人民大学出版社，2004.

思想和理论层出不穷，其中就包括对于基层民主和公民参与的讨论。美国学者理查德·C. 博克斯（Richard C. Box）在《公民治理：引领21世纪的美国社区》一书中提出公民治理理论。博克斯认为21世纪将是公民治理的时代，公民治理的核心机制是公民参与，公民不仅仅是纳税人和公共服务的消费者，更是社区公共事务的直接参与者和治理者，具备现代公民意识和健全公民资格的公民应在公民治理中处于中心和主体地位。他重新定义了公民、代议者和公共服务职业者三个群体自身的角色和职责，倡导公民在社区中开展自由的讨论和决策。博克斯主张，公民已经不仅仅是纳税人和公共服务的消费者，更是社区公共事务管理的直接参与者。① 公民参与成为博克斯公民治理理论模型的主要制度形态和实践构图，培育"积极公民"是实现公民治理的关键，"公民资格—公共参与—公民治理"的连续谱系成为博克斯的基本理论遵从和阐释逻辑。②

随着网络信息技术的发展，人类社会进入21世纪之后，网络参与成为公民参与的新途径，也成为公民参与研究的新热点。西方学者认为互联网存在双刃剑效应，一方面有利于公民获取信息、决策者直接沟通、借助电子政府以实现政府服务扩展与革新③，另一方面也存在个体偏好整合困难、产生数字鸿沟、参与代表性难以保障等问题。④

---

① 理查德·C. 博克斯. 公民治理：引领21世纪的美国社区［M］. 孙柏瑛，译. 北京：中国人民大学出版社，2005：26.

② 苟欢. 论现代社区治理中的民主追求、悖论与进路——兼评理查德·C. 博克斯的"公民治理"理论［J］. 甘肃行政学院学报，2018（3）：67-77，128.

③ Andrew Kakabadse，Nada Kakabadse，Alexander Kouzmin. *Reinventing the Democratic Governance Project Through Information Technology*［J］. Public Administration Review，2003，63（1）：47-48.

④ Aeron Davis. *New Media and Fat Democracy：The Paradox of Online Participation*［J］. New Media and Society，2009（8）：2-4.

公民网络参与需要一定条件，其效果和作用受参与者个体特征以及经济社会环境等多重因素影响。有研究认为，年龄和受教育水平对网络参与有显著影响，而性别和经济因素对其影响不显著。①② 线下社会关系和社会资本能够促进在线参与。③ 从参与结果来看，有研究认为在线参与会触发和促进更多线下政治参与行为④，但也有研究持相反观点，认为在线网络参与的增加并不意味着线下参与程度的提高。⑤ 从参与途径来看，有研究将网络参与归纳为 13 种不同模式⑥，也有研究根据线上、线下不同参与方式和功能将公民网络参与从低至高分为获取信息、实现交流、获取服务、提供协商与直接参与五级。⑦

总的来看，西方公民参与理论和研究的发展经历了一个从直接参与到间接参与，再到对间接参与的不满和对直接参与的强调和尝试的过程⑧，从宏观层面的政治与政策参与到微观层面的社区参与过

① Vesnicalujevic L. *Political Participation and Web 2.0 in Europe* [J]. Public Relations Review, 2010 (1): 2-4.

② Brian S, Krueger. *Assessing the Potential of Internet Political Participation in the United States: A Resource Approach* [J]. American Politics Research, 2002, 30 (5): 489-493.

③ Chi L, Chan W K, Seow G, et al. *Transplanting Social Capital to the Online World: Insights from Two Experimental Studies* [J]. Journal of Organizational Computing & Electronic Commerce, 2009, 19 (3): 214-236.

④ Homero, Gil. et al. Social Media Use for News and Individuals' Social Capital, Civic Engagement and Political Participation [J]. Journal of Computer-Mediated Communication, 2012, 17 (3): 319-336.

⑤ Krueger B S. *Assessing the Potential of Internet Political Participation in the United StatesA Resource Approach* [J]. American Politics Research, 2002, 30 (5): 476-498.

⑥ Lάszló Bruszt, Balάzs Vedres, David Stark. *Shaping the Web of Civic Participation: Civil Society Websites in Eastern Europe* [J]. Journal of Public Policy, 2005, 25 (1): 149-163.

⑦ Rosa Borge, Clelia Colombo, Yanina Welp. *Online and offine particiapation at the local level* [J]. Information, Communication & Society, 2009, 12 (6): 899-928.

⑧ 陈国营．公民参与研究述评：理论演变与焦点转移 [J]. 中共浙江省委党校学报，2010, 30 (1): 49-55.

程以及从传统的线下参与到互联网时代的网络参与的发展过程。

20世纪80年代政治学重建后，国内学界才开始开展我国公民参与研究。近年来，随着中央提出扩大公民有序政治参与的战略部署和国内公民参与实践的增多，公民参与研究吸引了国内政治学、行政学和社会学等学科学者的关注，产出了一批具有中国特色的研究成果。有学者认为，与西方国家相比，中国的公民参与呈现出政府主导性、公民维权性和媒体驱动性三个主要特征。① 参与主体不再局限于人大代表、政协委员、专家学者等精英群体，而是扩大到社会各阶层的普通公众。参与领域涉及环境保护、公共预算、城市规划、城市管理、绩效评估、公共服务等政府管理的多个层面，公民参与公共政策和基层治理是研究的热点话题。②③ 参与方式除了传统的信访、听证会等参与渠道外，基于互联网和社交媒体平台的公民参与④⑤及温岭民主恳谈会⑥、民众评议政府⑦等具有中国特色和时代特点的参与方式引发较多讨论。参与模式上多元参与类型并存。有研究认为，新中国成立以来中国公民参与经历了动员型模式、大民主

① 郭小聪，代凯．近十年国内公民参与研究述评［J］．学术研究，2013（6）：29-35.

② 王洛忠，蒋晓飞，庞锐．公共政策过程中公民参与研究的回顾与展望——基于2003—2017年CSSCI文献的分析［J］．学习与探索，2018（4）：70-78，175.

③ 赵聚军，张雪莉．城市基层治理中的居民参与与基层管理体制优化——基于四个异质性小区的调查［J］．中国行政管理，2019（3）：47-54.

④ 林奇富，殷昊．反思互联网政治参与：代表性的视角［J］．学术月刊，2020，52（10）：77-88.

⑤ 王菁．呈现与建构：大学生微博政治参与和国家认同——基于全国部分高校和大学生微博的分析［J］．中国青年研究，2019（7）：62-69.

⑥ 郎友兴．中国式的公民会议：浙江温岭民主恳谈会的过程和功能［J］．公共行政评论，2009，2（4）：48-70，203-204.

⑦ 秦晓蕾．地方政府绩效评估中的有效公民参与：责任与信任的交换正义——以南京市“万人评议机关”15年演化历程为例［J］．中国行政管理，2017（2）：35-41.

模式、组织化参与模式与社会参与模式。① 有学者将当前地方公共服务中的公民参与分为决策型参与、有限吸纳型参与、告知型参与、校正型参与、改善型参与和合作型参与②，将协商民主中的公民参与分为高主动、高协商的合作型参与，低主动、高协商的决策型参与，高主动、低协商的介入型参与，低主动、低协商的建议型参与四种类型③，将社区居民参与分为福利性参与、志愿性参与、娱乐性参与和权益性参与等类型。④ 理论视角上多数研究应用西方政治学、社会学理论分析中国公民参与实践。如基于社会资本理论考察公民社区参与积极性不高的成因⑤，测量社会资本的各因素对居民政治参与的影响⑥，探究公民治理理论在我国社会管理创新中的可行性⑦，分析强势民主视角下公民参与政策过程⑧，讨论协商民主理论如何嵌入中国公民参与实践等。⑨ 也有少数研究尝试基于西方经典理论和模型进行本土化修正与建构。如有研究对阿恩斯坦公民参与阶梯模型进行

① 刘建明，史献芝．新中国公民政治参与模式历史演进的梳理及启示［J］．当代世界与社会主义，2010（3）：66-69.

② 汪锦军．公共服务中的公民参与模式分析［J］．政治学研究，2011（4）：51-58.

③ 董石桃．基层协商民主中公民参与模式的理论模型与实践样态［J］．探索，2019（4）：2，64-75.

④ 杨敏．作为国家治理单元的社区——对城市社区建设运动过程中居民社区参与和社区认知的个案研究［J］．社会学研究，2007（4）：137-164，245.

⑤ 涂晓芳，汪双凤．社会资本视域下的社区居民参与研究［J］．政治学研究，2008（3）：17-21.

⑥ 胡荣．社会资本与城市居民的政治参与［J］．社会学研究，2008（5）：142-159，245.

⑦ 史云贵，冉连．中国特色公民治理在社会管理创新中运转的可能性与可行性论析［J］．社会科学研究，2014（1）：49-54.

⑧ 刘伟忠．公民政策参与的新视域：基于强势民主理论的思考［J］．社会科学研究，2009（6）：46-50.

⑨ 阚为，洪波．协商民主如何嵌入中国民主治理场域——公民参与的视角［J］．浙江学刊，2015（1）：126-130.

修正，提出本土居民参与阶梯模型①，有研究整合西方政治权利和政治权力两个视角的研究建构中国公民有序政治参与分析框架②。研究方法上中国公民参与研究的实践导向明显，案例研究法得到较多运用。诸多学者从微观层面对公民参与的过程、行动者及其行动策略进行分析。③④ 近年来，大样本的定量研究也逐步增多，如有研究运用“亚洲晴雨表调查”数据分析我国大陆公民政治参与的变迁⑤，有研究基于“中国城市治理调查”，针对互联网使用如何影响政治参与展开讨论。⑥

未来国内公民参与的研究要从多个维度实现进一步突破与创新。研究主题上要拓展公民参与的研究领域以回应当前热点问题。例如，习近平总书记提出“人民城市人民建，人民城市为人民”的重要论断，在人民城市建设中如何推进公民参与应该成为当前和未来研究的重点。研究方法上要坚持实证研究导向，采取定量研究和定性研究相结合的策略，尝试心理实验、大数据分析、混合研究等新方法的应用。研究理论视角上不能止步于应用和修正西方理论，要在讲述中国故事的基础上，尝试建构和发展中国本土化公民参与理论和框架。

---

① 何雪松，侯秋宇．城市社区的居民参与：一个本土的阶梯模型［J］．华东师范大学学报（哲学社会科学版），2019，51（5）：33-42，236.

② 肖滨，方木欢．扩大公民有序政治参与的双轨路径——基于中国改革开放以来实践经验的理论分析［J］．政治学研究，2017（4）：23-37，125-126.

③ 朱圣明．民生决策中的公民参与——一个地方乡村治理的新技能与新策略［J］．公共管理学报，2007（3）：110-116，128.

④ 朱德米．公共协商与公民参与——宁波市J区城市管理中协商式公民参与的经验研究［J］．政治学研究，2008（1）：76-80.

⑤ 肖唐镖，易申波．当代我国大陆公民政治参与的变迁与类型学特点——基于2002与2011年两波全国抽样调查的分析［J］．政治学研究，2016（5）：97-111，127-128.

⑥ 孟天广，季程远．重访数字民主：互联网介入与网络政治参与——基于列举实验的发现［J］．清华大学学报（哲学社会科学版），2016，31（4）：43-54，194-195.

第四节 行动者网络理论

20 世纪 90 年代后，对科学的研究从作为“知识的科学”转向了作为“文化和实践的科学”。作为实践科学观的典型代表，巴黎学派提出的行动者网络理论（Actor Network Theory，ANT）是一种理解复杂社会的分析方法和阐释多元主体关系的理论工具。行动者网络理论通过“深描”科学实践中的行动者，从而勾勒出科学与社会相互建构、协同演化的动态图景，揭示技术或科学与社会之间的关系，以及它们在网络中所起的相互依赖和相互促进的作用，为我们重新思考科学与社会、科学与政策的关系提供了一条新的研究进路。

行动者网络理论起源于布鲁诺·拉图尔（Bruno Latour）的实验室研究。拉图尔强调，科学只能通过其实践得到理解，因此，必须对处于行动过程中的科学（science in action），而不只是科学的结果加以考察。拉图尔 1987 年出版的《科学在行动：怎样在社会中跟随科学家和工程师》一书就是最能体现行动者网络理论思路的著作。有人甚至认为该书对科学哲学、科学社会学和科学史等领域的影响，堪与库恩（Thomas Samuel Kuhn）的《科学革命的结构》一书相提并论。在这本书中拉图尔对大量科学家和工程师以及他们的实际工作方式进行了档案式的记录，并把他的理论建立在所做的观察的基础之上，拉图尔把科学和技术置入它们所存在的社会环境当中，对科学家和技术专家的实际行为进行详细的社会学分析，其目的是试图让人们了解科学实际上是怎样工作的。拉图尔借用黑箱（black box）这个词来表示已经被承认并接受为真实、准确和有用的科学理论、科学事实和科学仪器。拉图尔强调，科学只能通过其实践得到理解，因此必须对处于行动过程中的科学，而不只是科学的结果，即既成事实加以考察。如果说科学事实是一种黑箱，那么理解科学的办法就是想方设法打开黑箱。拉图尔进而提出行动者网络理论三个核心概念，即行动者（Agency）、异质性网络（Heterogeneous Network）和转译（Translation）。

行动者网络理论认为，凡是参与到科学实践过程中的所有因素都是行动者，异质性是其最基本的特性，即任何通过制造差别而改变了事物状态的东西都可以被称为行动者。行动者包括个人、团体、组织这样的人类行动者，也包括文化观念、技术、设备等非人类行动者。科学是一个人类行动者和非人类行动者交互作用的场所，是这两种形式的行动者相互依赖与磋商的产物。拉图尔给予了非人类因素以十分独特的地位。拉图尔认为，非人类行动者与人类具有同样的地位，人类行动者和非人类行动者都是重要的枢纽和节点。然而非人类行动者的能动性如何实现？拉图尔采用政治学中的代言人概念做了解释。他认为，当一个网络被建立起来时，科学家代表无数的外部行动者说话，即成为自然和社会的代言人。[①] 在后续研究中，拉图尔进一步认为非人类行动者行动能力的来源是人将其目的“铭刻”进了非人类行动者之中，是人类行动者驱动着非人类行动者的“行动”。[②]

---

① 布鲁诺·拉图尔．科学在行动：怎样在社会中跟随科学家和工程师［M］．刘文旋，郑开，译．北京：东方出版社，2005：130.

② Latour B. *Reassembling the Social*：*An Introduction to Actor-Network-Theory*［M］. Oxford：Oxford University Press，2005：77.

“网络”是行动者网络理论的基础。“网络”一词具有两层含义。第一层是空间含义，“网络”是一种关系型聚合体形态，是一种由不同行动者组织的具有多元性、异质性和杂合性的空间。第二层是时间含义，网络的建构是历时的、演化的，将时间性和历史性赋予了自然的或社会的行动者。网络的主角是具体的行动者，研究者应关注的是处于不同空间位置的行动者之间的关系，而这些关系是在时间脉络中慢慢建构起来的，最终形成了一切变化的根源。① 行动者网络理论将“网络”这一概念用于研究事物的流动性（mobility）和联结性（connectivity）。拉图尔发现，原来被忽视的非人类行动者（科学仪器、纸片、细菌培养、学术论文等）可能产生巨大力量，因为其周围存在着复杂而强大的网络联结。拉图尔主张科学知识与技术的建构不只是由社会来决定，而是同时由人（社会）和非人（工具、物、被研究的对象）所构成的异质网络来决定。因此，某个理论、发明或技术的科学家、发明家或工程师，为他的理论、发明或技术所建立的网络越大，他的主张就越能生存下来。因此，技术创新的本质是构造更大更强的行动者网络，从而使网络建构者能维持相当的权力。

一个科学家、发明家或工程师根据什么策略来扩大他的网络，以达到确立理论、巩固成果的目的呢？这些策略就构成所谓的转译过程。所谓转译，是指行动者努力把其他行动者的利益和兴趣用自己的语言转换出来，最终使得多方行动者在利益上达成一致。只有在“转译”基础之上人和非人行动者才能一起构建起一个强大而又

① 刘锦英．行动者网络理论：创新网络研究的新视角［J］．科学管理研究，2013，31（3）：14-17.

稳固的研发共同体，从而建构出一套为大家接受的科学知识。转译的过程通常分四个阶段：第一，问题化，即定义问题，而且使行动者接受定义，这一过程中要设置强制通行点（OPP，可以理解为行动者网络的目标）。第二，利害关系化，即使其他行动者感到在此定义的问题中存在着切身利益。第三，招募，这是利害关系化的结果，即尽可能地把各方行动者纳入相关的网络。第四，动员，即使自己的网络成为其他行动者的代言者。①

行动者网络理论提出后迅速获得了西方社会科学各领域的青睐，在诸多学科得到了广泛的应用。西方学者运用行动者网络理论对跨国和全球化问题②、战略规划③、文化与旅游④、教育政策⑤、管理会计⑥等各种复杂的社会现象进行分析。随着新一代信息技术的发展，行动者网络理论在信息技术创新领域的应用得到重视。⑦ 例如，有研究运用行动者网络理论分析组织对信息技术的采纳及行动者之间的

① 刘文旋．从知识的建构到事实的建构——对布鲁诺·拉图尔“行动者网络理论”的一种考察［J］．哲学研究，2017（5）：118-125，128.

② Young D，Borland R，Coghill K. *An Actor-Network Theory Analysis of Policy Innovation for Smoke-Free Places：Understanding Change in Complex Systems*［J］. American Journal of Public Health，2010，100（7）：1208-1217.

③ Bryson J M，Crosby B C，Bryson J K. *Understanding Strategic Planning and the Formulation and Implementation of Strategic Plans as a Way of Knowing：The Contributions of Actor-Network Theory*［J］. International Public Management Journal，2015，12（2）：172-207.

④ R，van，der，et al. *Ordering，materiality，and multiplicity：Enacting Actor - Network Theory in tourism*［J］. Tourist Studies，2013，13（1）：3-20.

⑤ Fenwick T J.（un）*Doing standards in education with actor-network theory*［J］. Journal of Education Policy，2010，25（2）：117-133.

⑥ Baker C R，Justesen L，Mouritsen J. *Effects of actor-network theory in accounting research*［J］. Accounting Auditing & Accountability Journal，2011，24（2）：161-193.

⑦ 杨欣悦，袁勤俭．行动者网络理论及其在信息系统研究中的应用与展望［J］．现代情报，2020，40（10）：144-151，167.

交互[①]，有研究运用该理论解释危机事件后社交媒体上虚假消息的传播[②]以及发展中国家电子政务项目失败的原因[③]，还有研究将行动者网络理论与创新扩散理论进行比较，进而分析老年人对电子商务技术的接受问题。[④]

近年来，国内学界对行动者网络理论的研究和应用日趋增多。从事技术哲学和技术社会学研究的学者较早将该理论向国内学界进行引荐。[⑤⑥] 随着研究的深入，当前行动者网络理论已经广泛应用于国内地理、旅游、教育、信息系统、新闻等领域的研究中，展现了其对中国社会现象较好的解释力和理论生命力。有学者指出，行动者网络理论与旅游现象快速变化的特点及复杂性等相适应，对于旅游研究的范式创新具有重要意义。[⑦] 行动者网络理论深切教育研究之根，打破已有的还原论怪圈，推动教育研究走向丰富多彩的实践世界。[⑧] 行

① Eze S C, Duan Y, Chen H. *Examining emerging ICT's adoption in SMEs from a dynamic process approach* [J]. Information Technology & People, 2014, 27 (1): 63-82.

② Pantumsinchai P. *Armchair detectives and the social construction of falsehoods: an actor-network approach* [J]. Information Communication & Society, 2018, 21 (5-6): 761-778.

③ Gunawong P, Gao P. *Understanding e-government failure in the developing country context: a process-oriented study* [J]. Information Technology for Development, 2017, 23 (1): 153-178.

④ Tatnall A, Lepa J. *The internet, E-commerce and older people: an actor-network approach to researching reasons for adoption and use* [J]. Logistics Information Management, 2003, 16 (1): 56-63.

⑤ 吴莹，卢雨霞，陈家建，王一鸽．跟随行动者重组社会——读拉图尔的《重组社会：行动者网络理论》[J]．社会学研究，2008 (2)：218-234.

⑥ 郭俊立．巴黎学派的行动者网络理论及其哲学意蕴评析 [J]．自然辩证法研究，2007 (2)：104-108.

⑦ 朱峰，保继刚，项怡娴．行动者网络理论（ANT）与旅游研究范式创新 [J]．旅游学刊，2012, 27 (11)：24-31.

⑧ 左璜，黄甫全．行动者网络理论：教育研究的新视界 [J]．教育发展研究，2012, 32 (4)：15-19.

动者网络理论表现出了重塑传统新闻理论的潜力，帮助新闻研究发现了许多新客体，提供了一套新的概念体系和分析工具。①

行动者网络理论在公共管理与公共政策领域的价值也在逐步引发关注②，应用该理论的研究涉及产业发展、政策执行、舆情分析、乡村治理、环境治理、扶贫攻坚等多个领域，代表性成果包括针对贵阳大数据产业提出发展愿景转译、本地资源转译、场景应用转译等发展策略③，分析中国生物制药产业技术网络的运行机制及其治理模式④，构建“行动者转译偏差”框架解析托育政策执行困境⑤，探究网络空间中公共舆论的演变路径⑥和突发公共事件的谣言协同治理机制⑦，从转译与公共性生成视角建构乡村治理体系⑧及农村公共服务多元合作供给网络⑨，考察环境治理的行动者网络并提出协同合作

① 白红义，曹诗语．重塑新闻理论？——行动者网络与新闻研究的 STS 转向［J］．新闻大学，2021（4）：1-14，119.

② 王佃利，付冷冷．行动者网络理论视角下的公共政策过程分析［J］．东岳论丛，2021，42（3）：146-156.

③ 卢锋华，王昶，左绿水．跨越政策意图与实施的鸿沟：行动者网络视角——基于贵阳市大数据产业发展（2012—2018）的案例研究［J］．中国软科学，2020（7）：26-41.

④ 洪进，余文涛，汪凯．基于“行动者网络理论”的中国生物制药产业技术的演化和治理研究［J］．中国科技论坛，2010（11）：55-61.

⑤ 罗峰，崔岩珠．行动者转译偏差：政策执行何以陷入“困局”？——以 S 市托育政策执行为例［J］．甘肃行政学院学报，2020（2）：4-15，124.

⑥ 董阳，陈晓旭．从“极化”走向“理性”：网络空间中公共舆论的演变路径——百度百科“PX 词条保卫战”的启示［J］．公共管理学报，2015，12（2）：55-67，155-156.

⑦ 袁红，李佳．行动者网络视角下突发公共事件的谣言协同治理机制研究［J］．现代情报，2019，39（12）：109-120.

⑧ 谢元，张鸿雁．行动者网络理论视角下的乡村治理困境与路径研究——转译与公共性的生成［J］．南京社会科学，2018（3）：70-75.

⑨ 戴祥玉，杜春林．行动者网络视域下农村公共服务的多元合作供给［J］．西北农林科技大学学报（社会科学版），2017，17（5）：45-54.

的环境治理模式①，刻画和分析非遗扶贫项目合作网络的创建过程与运行机理②，等等。国内学界也有少数研究尝试将行动者网络理论运用于社区治理研究之中。如有研究基于社区养老的田野调查，讨论如何将行动者网络理论拓展至构建社会治理共同体的研究③，有研究分析智慧社区建设中的行动者、利益联盟及互动策略④，还有研究聚焦居民参与社区规划过程中各行动者之间的转译过程提出社区参与式规划的解释模型⑤。总的来看，行动者网络理论在公共管理、公共政策和基层治理中的研究上还存在较大的发展空间。未来基于行动者网络理论的实证研究要进一步拓展应用场景，如在本书关注的社区治理领域，如何运用行动者网络理论分析当前社区层面应用数字化、智能化技术的创新实践是一个值得研究的热点问题。此外，当前的研究绝大多数局限于行动者网络理论的应用，未来要结合中国情境，因地制宜地修正和发展理论，重点探究中国情境下行动者、异质网络及转译过程的本土化特征和机理，进而充分发挥行动者网络理论对中国治理实践的解释力。

---

① 刘伟．论乡村环境协同治理的行动者网络及其优化策略［J］．学海，2018（2）：114-120.

② 王雪丽，彭怀雪．非遗扶贫项目合作网络的创建过程与运行机理探究——基于行动者网络理论的分析［J］．江淮论坛，2020（3）：18-25.

③ 许文文．超越行动者网络：基层社会治理共同体建构的本土路径——基于社区养老场域的田野观察［J］．学习与实践，2021（3）：100-110.

④ 吴旭红，何瑞．智慧社区建设中的行动者、利益互动与统合策略：基于扎根理论的探索性研究［J］．甘肃行政学院学报，2019（6）：80-94，126-127.

⑤ 芮光晔．基于行动者的社区参与式规划“转译”模式探讨——以广州市泮塘五约微改造为例［J］．城市规划，2019，43（12）：88-96.

第三章　城市社区治理智能化的内涵与分析框架

第一节　城市社区治理智能化的内涵

理解城市社区治理智能化的逻辑首先要准确界定城市社区治理智能化的内涵，目前学界对这一概念尚无明确的界定。我们首先分别界定“城市”“社区”“社区治理”等概念的内涵，继而对“城市社区治理智能化”这一概念的内涵做出阐释。

一、城市的内涵

城市并不是从来就有的，城市的出现与生产力的发展密切相关，当农业发展到一定的阶段，生产出现了剩余，一些人开始用剩余产品进行交换并以此作为谋生之道，就形成了城市的雏形——工商业中心。城市社会学的代表人物罗伯特·帕克（Robert Ezra Park）认为，城市是一个具有复合功能的空间载体，他将城市视为地理单位、经济单位、管理单位、文化单位的复合体。[①] 中国作为一个人口大国，随着改革开放的发展及城市化进程的加快，我国的城市数量与规模不断扩大。2014 年 11 月 20 日国务院印发的《关于调整城市规模划分标准的通知》中以城区常住人口为统计口径，将我国城市划分为五类。城区常住人口 50 万人以下的城市为小城市；城区常住人口 50 万人以上 100 万人以下的城市为中等城市；城区常住人口 100 万人以上 500 万人以下的城市为大城市；城区常住人口 500 万人以上 1000 万人以下的城市为特大城市；城区常住人口 1000 万人以上的城市为超大城市。

二、社区的内涵

社区的概念最早出自德国的社会学家滕尼斯（Ferdinand Tönnies）1887 年出版的《社区与社会》一书，他提出“社区”与“社会”这两个概念来分别代表人类共同生活的两种形式。“社区”表示基于协作关系的有机组织形式，主要存在于传统的乡村社会中，它是人与人之间关系密切、守望相助、富有人情味的血缘共同体、地缘共同体以及精神共同体的复合统一体。[②] 从社区的内涵来看，滕尼斯最初所指的社区是指有着共同的文化意识、社区成员对社区有着强烈归属感的共同体，人与人之间形成共同的文化意识以及亲密无间的关系是社区的精髓。[③]

① 罗伯特·E. 帕克，等．城市：有关城市环境中人类行为研究的建议［M］．杭苏红，译．北京：商务印书馆，2016：6-7.
② 斐迪南·滕尼斯．共同体与社会［M］．张巍卓，译．北京：商务印书馆，2019：87.
③ 姜振华，胡鸿保．社区概念发展的历程［J］．中国青年政治学院学报，2002（4）：121-124.

20 世纪 20 年代，美国的社会学家把滕尼斯的社区译为英文的 community，并很快成为美国社会学的主要概念。美国芝加哥学派把社区问题作为其研究重点，对美国不同类型的社区及其发展变迁进行了深入的研究，获得了颇为丰富的研究成果。学者弗雷德里克·马特尔（Frédéric Martel）在描述美国社区文化时指出，社区概念有时被用于指代地理空间，用于描述城市、村庄甚至某个街区，有时被用于指代某个地方人群，用于描述族群或宗教的归属，在大多数情况下，社区是指人们与之分享共同生活的地方。[①] 社会学者罗伯特·帕克（Robert E. Park）认为，社区一般存在一定的地域范围，有一定有组织的人口作为基础，部分或者完全依附于固有的土地之上，社区的个人生活处于一种相互依赖的社会关系之中。[②]

"社区"一词是在 20 世纪 30 年代引进中国的，费孝通等学者首次将英文的 community 译为"社区"，"社区"逐渐成为中国社会学的通用语。在费孝通先生看来，所谓的社区是指人们在一定地域里经营集体生活的共同体，在一定时间、空间内，由一定的人口进行集体生活时组成一定社会组织的具体人群，如村落、乡镇、城市、民族、国家等等是不同层次的人们的共同体，也就是社区。[③] 社区的内涵包括地域、人口、组织、文化、设施等多元要素，总体来看，社区是居住在同一地域内的人群基于共同生存的需要、共同的生活服务设施、共同的文化、共同的利益、共同关心的问题而形成具有

---

① 弗雷德里克·马特尔．论美国的文化［M］．周莽，译．北京：商务印书馆，2013：382.

② Park R E. Human Ecology［J］. American Journal of Sociology，1963（4）：177-190.

③ 费孝通．费孝通文集：第 15 卷［M］．北京：群言出版社，2001：22.

社会互动特点的地域性社会共同体。①

在中国，社区既非完全的行政单元，也非完全社会学意义上的共同体，而是一种集“政治、服务（行政）、社会”三种功能于一体的“复合体”。② 金太军认为，城市社区是一个涵盖自治单元、生活单元、管理单元的复合体，是城市进行非农社会活动、具有城市特色互动关系以及城市文化维系力的人类群体及其活动地域。③ 陆军认为，城市社区指在一定的地域范围内，以从事非农业或第二、三产业的一定规模的人口组成的，规模较大、结构较复杂的生活共同体。④ 2000 年，《民政部关于在全国推进城市社区建设的意见》中指出，社区是指聚居在一定地域范围内的人们所组成的社会生活共同体。城市社区的范围一般是指经过社区体制改革后做了规模调整的居民委员会辖区。参考民政部的界定方式，本书中所指的城市社区范围是居民委员会辖区，一般包括若干个居民小区。

三、社区治理的内涵

社区治理的概念在我国是 20 世纪 90 年代才出现的，此前我国多使用“社区管理”“社区服务”“社区建设”等概念。2017 年发布的《中共中央国务院关于加强和完善城乡社区治理的意见》中指出，城乡社区治理事关党和国家大政方针贯彻落实，事关居民群众切身

---

① 张永理．社区治理［M］．北京：北京大学出版社，2014：15.
② 吴晓林．治权统合、服务下沉与选择性参与：改革开放四十年城市社区治理的“复合结构”［J］．中国行政管理，2019（7）：54-61.
③ 金太军，等．城市学概论［M］．广州：广东人民出版社，2008：169.
④ 陆军．营建新型共同体：中国城市社区治理研究［M］．北京：北京大学出版社，2019：4.

利益，事关城乡基层和谐稳定。社区治理主要涉及一定区域范围内政府与社区组织、社区公民共同管理社区公共事务的活动。关于社区治理的内涵，有学者将其定义为：在一定的城市地域范围内由政府与城市社区组织与其他社会组织、辖区单位、社区居民等，基于市场原则、公共利益和社会认同协调合作，有效供给社区公共物品，满足社区各方需求，共同管理社区公共事务，推进社区持续发展，优化社区秩序的活动。[①] 也有学者认为，社区治理可以理解成治理理念在社区层面的应用，其内涵指的是在一定的法律规范前提下，由社区党组织、社区自治组织、社会组织、辖区单位以及居民等多元主体共同参与，整合资源、民主协商、互利合作，共同管理社区各类公共事务，在社区层面优化资源配置、协调经济社会关系、激发活力和创造力、满足居民美好生活需要的过程。[②]

总的来看，社区治理指政府或民间的公共组织依照某种规则（法律法规或者村规民约），运用公共权威对社区事务实施管理，为社区成员提供服务，以维护或增进社区公共利益。[③] 社区治理呈现三个基础性的特征，即多元、参与和互动。多元主要是指社区建设的主体多元，这是相对于传统基层社会单一管理主体而言的；参与是指发挥社区各种力量的主动作用，强调各主体在社区发展过程中的协商和合作；互动是指社区建设的过程中，既形成自上而下和自下

① 赵毅旭．城市社区治理路径［M］．成都：四川大学出版社，2010：5.

② 胡杰成，银温泉．“十四五”时期完善城镇社区治理体制的思路与举措［J］．改革，2020（7）：55-66.

③ 林尚立．社区民主与治理：案例研究［M］．北京：社会科学文献出版社，2003：316.

而上的纵向双向互动网络，又形成横向主体之间的交往和合作网络。①

四、城市社区治理智能化的内涵

当前学界尚未明确提出和界定“城市社区治理智能化”这一概念，但已有一些研究论及社会治理智能化。“社会治理智能化”这一概念最早出现在党的文件中。党的十九大报告指出：“加强社会治理制度建设，完善党委领导、政府负责、社会协同、公众参与、法治保障的社会治理体制，提高社会治理社会化、法治化、智能化、专业化水平。”② 不少学者从不同角度对社会治理智能化或智能化社会治理这一新概念进行界定。唐有财等认为，社会治理智能化是在现代治理理念的基础上，将移动互联网、云计算、大数据等信息化技术与基层社会治理内容相结合，形成集智能化、信息化、数据化为一体的，以凝聚居民意见与诉求、推动多元力量参与、整合多方治理资源、对接城市基层社会各种需求为主要内容的新的治理模式。③ 刘灿华认为，社会治理智能化就是将大数据、云计算、人工智能等前沿智能技术运用于社会治理场景，主要包括社会治理要素的数据化、社会治理数据的汇聚化、社会治理规则的算法化和社会治理机

① 孙萍．中国社区治理的发展路径：党政主导下的多元共治［J］．政治学研究，2018（1）：107-110.

② 习近平．决胜全面建成小康社会　夺取新时代中国特色社会主义伟大胜利——在中国共产党第十九次全国代表大会上的报告［EB/OL］．中华人民共和国中央人民政府网站，2017-10-27.

③ 唐有财，张燕，于健宁．社会治理智能化：价值、实践形态与实现路径［J］．上海行政学院学报，2019（4）：54-63.

制的共治化。[1] 杨雅厦认为，社会治理智能化就是在网络化和网络空间基础上，通过大数据、云计算、物联网等信息技术，重构社会生产与社会组织彼此关联的形态，使社会治理层次和水平得到提升，使治理过程更加优化、更加科学、更加智慧。[2] 赵金旭、孟天广认为，智能化社会治理将复杂的社会运行体系映射在多维、动态的数据体系之中，实现对社会运行规律、社会偏好（诉求）变化趋势及规律、政府回应机制及效果差异等实时、数量化、可视化的观测，不断积累社会运行的数据特征以应对各类社会风险、提升社会治理有效性。[3] 智能化社会治理强调充分运用大数据理念、资源和技术，在数据、信息、平台（参与）、协作、安全五要素联动的协同机制下，通过构建囊括社会治理民情（诉求）汇聚、社会治理风险动态评估和基于知识库的诊断式政府回应模式的智能化社会治理体系，以提升社会治理的科学化、社会化和智能化。[4]

社会治理智能化是以习近平同志为核心的党中央立足时代前沿、把握发展大势、带领人民共创美好未来的具体体现，也是打造共建共治共享社会治理格局的有力抓手[5]，将推动我国传统社会治理模式逐步向智能化治理模式转型。社区是我国社会治理的基本单元。近年来，我国不少城市社区已经应用移动互联网、大数据、云计算、物联网、人工智能等信息技术开展了形式多样的社区治理创新探索。

---

① 刘灿华．社会治理智能化：实践创新与路径优化［J］．电子政务，2021（3）：49-60.
② 杨雅厦．应用大数据提升社会治理智能化水平［J］．智库时代，2017（1）：44.
③ 赵金旭，孟天广．科技革新与治理转型：移动政务应用与智能化社会治理［J］．电子政务，2019（5）：2-11.
④ 孟天广，赵娟．大数据驱动的智能化社会治理：理论建构与治理体系［J］．电子政务，2018（8）：2-11.
⑤ 袁方．提高社会治理智能化水平［N］．人民日报，2018-06-20.

信息化、智能化技术对传统社区治理模式带来了根本性变革，伴随着社会治理智能化实践探索的迅速发展及其向基层不断下沉和延伸，作为国家与社会治理“最后一公里”的社区治理同样正经历着信息技术驱动的智能化转型。社会治理智能化在社区层面的实践探索逐步催生了社区治理智能化这一新型社区治理目标和模式。

依据相关研究和当前实践探索，可以对城市社区治理智能化的内涵和特征进行界定。本书认为，城市社区治理智能化是指将移动互联网、大数据、云计算、物联网、人工智能等新一代信息技术有效嵌入城市社区治理体系，基于各类社区信息系统和技术平台收集社情民意、回应公众诉求、解决矛盾问题、推动居民参与、化解社会风险，实现城市社区管理与服务的科学化、民主化、高效化与精细化的新型社区治理模式。城市社区治理智能化以“互联网+”思维为治理理念，以提升社区管理与服务效能、促进社区居民参与为治理目标，以新一代信息技术为治理工具，以精细化管理为治理策略，以社区多元主体协同为治理模式，是对传统社区治理主体、技术与方式的再造、升级和替代，能够有效推进我国城市社区治理体系和治理能力的现代化，服务于打造共建共治共享的社会治理格局。

第二节　“政府主导—居民自治”：城市社区治理智能化的分析框架

当前，互联网、大数据、物联网、人工智能等新一代信息技术已经广泛运用于我国各地城市社区治理实践。与国家治理从总体性支配转向技术治理的逻辑类似①，信息化、智能化技术对传统社区治理模式带来了根本性变革。伴随着党中央关注社会治理智能化战略部署的提出和各级实践探索的迅速发展，数字化、智能化治理创新不断向基层下沉和延伸，作为国家与社会治理“最后一公里”的社区治理同样正经历着信息技术驱动的智能化转型。社区治理智能化是新时代我国城市社区建设的一道风景线。理论是实践的先导，思想是行动的指南。距离邓利维等西方学者提出数字治理理论已经过去十多年，然而国内信息技术视角下社区治理的研究依旧缺少本土化理论与框架。应该说，当前我国城市社区治理智能化实践已经领先于理论的发展，因此亟须从理论层面深入分析、整体把握我国城市社区治理智能化的逻辑，建构系统性分析框架与本土化理论。

城市社区治理智能化不应是传统社区治理模式的技术加持和点缀，其治理产出和结果要真正有利于健全社区治理体系和提升社区治理水平。2017 年 4 月，中共中央、国务院发布的《关于加强和完善城乡社区治理的意见》（以下简称《意见》）中对加强和完善城乡社区治理做出全方位部署。《意见》明确提出，到 2020 年我国城乡社区治理目标为基本形成基层党组织领导、基层政府主导的多方参与、共同治理的城乡社区治理体系，城乡社区治理体制更加完善，城乡社区治理能力显著提升，城乡社区公共服务、公共管理、公共安全得到有效保障。《意见》提出四个方面健全完善城乡社区治理体系的主要措施。一是要充分发挥基层党组织领导核心作用，二是要有效发挥基层政府主导作用，三是要注重发挥基层群众性自治组织

① 渠敬东，周飞舟，应星．从总体支配到技术治理——基于中国 30 年改革经验的社会学分析［J］．中国社会科学，2009（6）：104-127，207.

基础作用，四是要统筹发挥社会力量协同作用。《意见》同时提出要增强社区信息化应用能力，实施“互联网+社区”行动计划，加快互联网与社区治理和服务体系的深度融合，运用社区论坛、微博、微信、移动客户端等新媒体，引导社区居民密切日常交往、参与公共事务、开展协商活动、组织邻里互助，探索网络化社区治理和服务新模式。

《意见》明确论述了我国社区治理体系的发展目标、社区治理体系中各治理主体的职责与地位以及社区治理中运用信息技术的路径与模式。《意见》表明在我国社区治理体系中政府与社会应承担各自相应的职责，通过彼此合作与互动提升治理效能。这一发展思路与国家与社会关系理论相互契合。国家与社会关系理论是西方社区研究的传统理论视角，该理论认为，国家与社会是两个相互独立、彼此分离的领域，前文已经对其理论谱系和发展沿革做了系统梳理，这里不再赘述。改革开放以来，随着单位制的解体，我国基层治理模式逐步从国家中心主义向政府与社会多元主体互动与合作的共治模式过渡。这种治理模式的典型特征是在社区治理的场域中通过基层政府与社区自治组织和居民“相互赋权”，实现国家与社会的良性互动和有效衔接。[①] 当前智能化、信息化技术的广泛应用通过赋能基层政府与社区自治组织进一步促进国家与社会的良性互动以提升治理效能，最终服务于党的十九大报告中所提出的打造共建共治共享的社会治理格局的社区治理根本目标。

根据以上论述，结合对当前我国城市社区治理智能化创新实践的实证调查，本书认为城市社区治理智能化建设可以通过发挥政府

① 刘建军．社区中国：通过社区巩固国家治理之基［J］．上海大学学报（社会科学版），2016（6）：73.

主导作用和发挥居民自治作用两种发展路径实现健全社区治理体系、提升社区治理水平的治理目标。第一种路径是通过充分发挥政府在城市社区治理智能化发展过程中的主导作用提升社区管理与服务能力。城市社区治理智能化实践可以通过应用大数据、物联网、云计算、人工智能等各种技术手段实时发现、科学研判、迅速处置社区治理难题，准确识别多样化公众需求，主动推送个性化公共服务，更好地发挥基层政府在社区治理中的主导作用，实现精细化管理和精准化服务。第二种路径是通过充分发挥群众性自治组织在城市社区治理智能化发展过程中的基础作用提升社区居民公共参与能力。社区治理智能化实践可以通过搭建各类社区信息发布与在线互动交流平台，收集与回应居民诉求，开展社区多元主体协商共治，提高社区事务透明度，更好地发挥基层群众性自治组织在社区治理中的基础性作用，激发社区居民参与公共事务的热情、提高参与能力。据此，我们可以从发挥政府主导作用和发挥居民自治作用两个重要维度建构城市社区治理智能化分析框架，将当前我国形式各异的城市社区治理智能化创新实践分为四种主要类型（见图 3-1）。

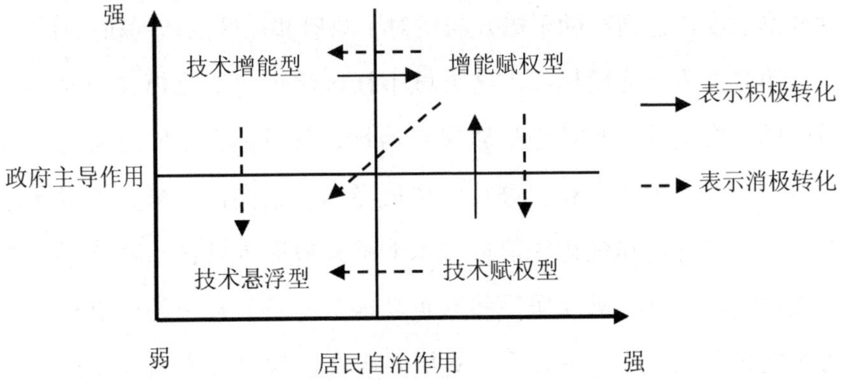

图 3-1 城市社区治理智能化分析框架

第一种为技术增能型。这类城市社区治理智能化模式具有较强的政府主导性和较弱的居民自治性，核心目标在于通过技术手段提升社区管理与服务能力。基层政府在此类治理模式实施全过程始终发挥着重要作用。此类项目的创制很多就源自政府发起的基层治理创新尝试，创新的目的主要在于通过技术理性提升治理效能，即运用大数据、物联网、人工智能等技术手段解决传统社区治理模式下问题发现不及时、回应居民诉求迟缓、治理权责模糊、问题处置链长等难点与痛点问题，实现整体性与精准化治理。在推进过程中政府往往采取层层落实的行政化手段，辅之以自上而下的监督考核机制和由点到面的试点推广机制，确保治理成效。社区居委会和居民在治理过程中主体性地位并不突出，自治作用发挥不足，往往处于被动接受的状态。由于治理手段和技术的专业化、自动化和实时化以及基层政府对于项目的全程掌控，社区自治和居民参与未能得到明显体现。需要指出的是，自治性低并不等同于居民对此一无所知。若能通过技术手段发现和解决社区问题、化解矛盾和风险，创新所带来的治理效能改善会增强居民对社区治理智能化创新项目的接受度和满意度，进而有助于提升居民对于政府和社区的认同和信任。

第二种为增能赋权型。这类城市社区治理智能化模式同时具有较强的政府主导性和较强的居民自治性，其目标在于同时实现提升社区管理与服务能力和促进社区居民参与。这类治理模式类似于前两种模式的融合和优化，信息技术能够有效嵌入社区治理体系，同时发挥增能政府和赋权居民的双重功能，是最为理想的城市社区治理智能化实践模式。一方面，基层政府在治理过程中始终发挥主导作用，在思路形成、方案设计、项目落实、舆论宣传、成果考核等创新的各个阶段，政府都会牢牢把握决策权和控制力，确保治理过程和结果符合政府预期目标。另一方面，这类治理模式同时注重发挥社区群众性自治组织、社区积极分子和社区居民在社区治理中的基础性作用。充分利用和发挥信息技术在政府与民众之间信息沟通和人际互动的优势，用自下而上的回应型治理模式替代传统自上而下的压力型治理模式，真正把社区自治组织和居民作为解决社区治理难题和痛点的主要依靠力量，通过建立互动、协商、反馈、激励等机制实现线上线下联动合作治理。

第三种为技术赋权型。这类城市社区治理智能化模式具有较弱的政府主导性和较强的居民自治性，核心目标在于通过技术手段推进社区居民参与、协商与自治。基层政府在此类治理模式中主导作用不明显，政府主要发挥政策倡议、资源供给和方向引领功能，虽然有些治理思路可能来自政府，但在实施过程中政府较大程度放权于民，营造了自治共治的社区治理氛围。居委会、业委会等基层群众性自治组织及其骨干成员位于此类治理模式的核心地位，在治理过程中始终发挥重要的基础性作用。他们通过宣传动员、技术培训和开展活动等举措让更大范围的社区居民了解、熟悉和认同基于信息技术手段的新型参与式社区治理模式，推动居民运用技术手段发现社区问题、表达个人诉求、妥善处理争议、协商社区事务、规避重大风险，不断调动和激发广大居民参与社区公共事务的热情，提高参与能力。

第四种为技术悬浮型。这类城市社区治理智能化模式同时具有较弱的政府主导性和较弱的居民自治性，既没有充分实现提升社区管理与服务能力，也没能有力推进社区居民参与。此类治理模式下虽然社区治理中应用了某些信息技术，但技术未能有效嵌入社区治理体系，不能服务于社区治理目标，处于一种技术悬浮于治理的“脱嵌”状态。换言之，这种治理模式虽然表面上存在炫酷的技术外表，但是由于种种原因，技术应用没有助力于社区治理效能的提升，属于城市社区治理智能化实践的失败或失灵情形。政府在治理过程中或者彻底缺位，或者难以发挥积极作用。社区治理创新项目名义上仍在推进，但实际上远未能实现治理目标，有的甚至处于名存实亡的状态。同时，社区自治组织和广大居民也未能在治理中发挥自身基础性作用，他们可能对此项工作持消极态度或者根本不知情。

值得注意的是，上述对四种城市社区治理智能化类型的论述只是关于某种治理模式在特定一段时间的静态描述，从创新的持续性来看，不同模式之间可能发生变化。研究发现，利用信息技术提升治理效能不是一蹴而就的，而是组织与技术不断互动的动态演变过程。① 因此，随着时间的推移，原初的治理类型有可能向其他类型发生转化。例如，作为城市社区治理智能化理想模式的增能赋权型，随着时间的推移，可能由于某些因素的影响导致其政府主导性和居民自治性降低向消极方向转化，成为技术增能型或技术赋权型，甚至沦为技术悬浮型，面临名存实亡或彻底失败的风险。对于技术增能型和技术赋权型治理模式，它们则同时具有两种可能的转化路径，既可能通过对现有治理模式优化向积极方向转化，成为增能赋权的理想模式，也有可能遭遇阻力向消极方向转化，成为技术悬浮型。而对于技术悬浮型，它可能是由于政策设计时的偏差造成创新项目

① 黄晓春．技术治理的运作机制研究——以上海市 L 街道一门式电子政务中心为案例[J]．社会，2010（4）：1-31.

从实施之初就效果不佳，但更有可能是如前文所述由其他三种社区治理智能化类型转化而成。那么，技术悬浮型治理模式能否逆袭转化为技术赋权型或技术增能型，甚至跃升为最理想的增能赋权型模式呢？我们认为，虽然这种转化具有理论上的可能性，但实践中一种已经证明效果不佳或者失败的社区治理创新尝试，最合理的也是最现实的举措是将其终止或者让其逐步淡出公众视野，在失败基础上的修补显然不如另起炉灶尝试其他创新模式容易得到基层政府和社区民众的支持。①

需要指出的是，上述分析框架只是笔者在对当前我国城市社区治理智能化理论与实践的分析并结合党中央、国务院对我国城乡社区治理体系的战略部署基础之上提出的，这一框架可能难以涵盖和解释我国所有信息技术驱动的社区治理创新实践，但从基于中国故事发展本土化社区治理理论的角度来看，构建这一分析框架依旧是一个有意义的尝试。本书后面的章节将依据这一分析框架并结合相关理论详细描述与刻画四种类型的城市社区治理智能化实践案例，阐释创新实践背后蕴含的运行机制与规律，以期丰富学界关于信息技术视角下社区治理研究成果，加深大众对当前我国城市社区治理智能化实践逻辑的理解。

---

① 王法硕．智能化社区治理：分析框架与多案例比较［J］．中国行政管理，2020（12）：76-83.

第四章　强政府主导—弱居民自治的技术增能型治理

第一节　L街道“社区大脑”案例

一、案例概述

L街道位于A市中心城区，总面积2.12平方千米，设20个居委会。L街道在推进社会治理创新、加强基层建设工作的过程中将社区管理要做到像绣花一样精细作为目标，从社区治理数字化、智能化建设入手，着力推动大数据、物联网、人工智能等新一代信息技术与党领导下的城市管理和社会治理深度融合，通过实施“社区大脑”项目探索了一条超大城市社区治理智能化发展路径。

2017年，国家发展改革委审批立项了若干“数字经济试点重大工程”项目，其中A市承担了“大数据与城市管理”工程的试点任务。L街道借此机会在全区率先启动“社区大脑”工程，并将其作为该试点工程的核心项目。作为 A 市第一个在街道全域范围内大规模借助新一代信息技术协助社区治理和辅助管理决策的大数据应用系统，L 街道“社区大脑”将互联网、大数据、物联网等新一代信息技术与城市管理、社区治理深度融合，充分了解和准确掌握社区群众对美好生活的需求和期待，通过智能化手段对社区事务进行研判和处理，实现社区智能化、精准化、人性化治理。

首先，融合社区多元力量建立联合指挥中心。L 街道办事处主任担任指挥中心指挥长，负责“社区大脑”的总体调动指挥。L 街道分管领导担任值班长，值班长在值班期间轮流负责“社区大脑”指挥调度。L 街道城运中心（网格中心）主任负责日常指挥工作。指挥中心的人员配备为街道党政办、党群办、党建办、平安办、自治办、管理办、服务办、发展办等办公室各派一人，公安、交警、城管、市场、市容、环卫等职能部门各派一人。联合指挥中心 24 小时不间断运行，覆盖城运中心、综治中心、应急中心、物管中心、民生保障中心 5 个中心职能领域，并把公安、城管、房管、市容等执法力量整合集中办公，打破以往各职能部门各自为政、单打独斗的局面，实现一个口子汇集、一个口子派单、一个口子跟踪、一个口子考核、一个口子督办、一个口子指挥。

其次，建立覆盖全域的物联感知网络系统。L 街道“社区大脑”引入了城市窄带物联网技术，安装若干窄带物联网基站，在 L 街道全域完成物联感知网络系统的基础设施建设。物联感知网络通过在“小区消防水泵水压感知、重点场所烟感、消防通道地磁、电梯运行状态、用电电弧过载预警、独居老人居家照护”等 24 个领域近百个场景部署 8000 余个感知部件，用“智慧”科技把管理触角延伸到

“神经末梢”，成为能分析、能判断、能指挥、能协调、能处置的社会治理平台。

最后，建立“民情日志”信息系统。系统以人、户、房信息为基础，以身份标签、服务标签、管理标签为扩展，集信息采集、管理、分析、应用于一体，覆盖社区 3 万多户家庭、近 8 万人口。民情大数据的生命力在于可行性和应用性，“社区大脑”的“民情日志”信息系统起到了沉淀和消化街道条线数据、多元数据的作用，是一个集信息采集、管理、应用于一体的综合系统。系统数据主要源来自各居民区一户一表基础数据、街道条线部门业务数据、社区事务受理服务中心居民办事数据、入户走访数据 4 个数据来源，实现了基于大数据的跨条线、跨业务、跨层级协同管理和服务。

2020 年 L 街道与 A 市某知名高校合作将“民情日志”信息系统升级为集深度分析、智能应用、辅助决策等功能于一体的社区治理智能系统——“数字驾驶舱”。“数字驾驶舱”将 L 街道已有的多源数据进行并流碰撞提升“算力”，构建起“数字孪生社区”。目前“数字驾驶舱”在社会动员、点位选址、服务找人、风险预警、应急救援、资源链接等 8 个领域拓展出 57 类应用，努力让社区治理变得更加精细、更加“聪明”。与此同时，L 街道主动对接 A 市“社区云”平台，并打通街道层面的 11 个应用子系统，超过 1000 万条数据在此汇聚形成民生“数据湖泊”。

二、L 街道“社区大脑”主要应用场景

社区治理智能化的目标是要让居民有获得感、切实提升管理效能。L 街道“社区大脑”的一大特色就是与民生服务紧密结合，着

力解决社区管理痛点难点问题。L街道借助“社区大脑”大数据分析手段，并与政府大调研的“民情日志”项目结合，让民生保障更为精准。通过对辖区内人、户、房三大要素的分析，给社区各类人群提供相应社区服务，通过物联网实时感知系统，基于各种应用场景提升管理效能。调研中L街道工作人员说：“‘社区大脑’尝试解决社区管理中人力所不能及、人力所无法及、人力所没有及的实际问题，提高社会管理的精细度，破解社区治理难题。”

L街道辖区内有100多位80岁以上独居老人。“社区大脑”项目实施后，L街道为这些老人家中安装一套包括门磁、室内红外感知、智能床垫、烟感和可燃其他感应5个智能设备的生命体征与安全监测系统，实时监测老人生命体征与安全。一旦发现老人出现异常，这些小小的“神经元”将向“社区大脑”汇报，“社区大脑”会根据异常情况的严重程度将这一信息通知监护人与社区联络员。比如室内长时间没有行动数据、门磁超过24小时没有开门数据或半夜出现开门状态等异常数据出现后，“社区大脑”综合管理中心会第一时间收到报警信号，值班工作人员马上将这一情况通知居委会工作人员，居委会工作人员立刻到老人家中查看，对老人实施救助。在L街道辖区一些重点小区、养老院门口，街道还安装了电子围栏监控，通过老人身上携带的感知设备，实时了解到老人的活动轨迹，能够有效预防老人走失事件的发生。

社区小餐饮店食品安全问题一直是困扰基层治理的顽疾。传统治理模式下食品安全问题主要依靠消费者举报才能暴露出来。“社区大脑”项目实施后，L街道在辖区内小餐饮店的操作间内装配温湿度传感器，通过对食品加工环节温度与湿度的监控，“社区大脑”综合管理平台可实时发现存在异常的店面。结合市场监管部门明厨亮灶工程的视频采集数据，如借助人脸识别技术查看出入后厨人员是否有健康证，通过多维度、多举措保证食品安全，实现管理能级提升。

小区停车难是超大城市居民普遍头疼的问题。以往L街道辖区的小区经常有车主将车辆随意停放在消防通道区域，构成小区重大安全隐患。“社区大脑”项目实施后，社区工作人员在消防通道处安装了感应地磁。地磁埋于地下，每6秒传送信号回基站。一旦有机动车停到该区域就会阻挡地磁信号传送，平台马上会派单给就近的小区保安，保安接单后第一时间前往事发地点，能够赶在司机尚未离开之前告知其将车驶离消防通道。

社区周边跨门营业在传统治理模式下较难杜绝，原因在于店家经常与执法人员“躲猫猫”，执法人员来时，商家将跨出去的物品收回，执法人员走后，跨门营业现象再次出现，造成执法成本大大提升、执法成效并不显著。“社区大脑”项目实施后，L街道在辖区商家大门上方安装了红外线报警装置，一旦店家出现跨门营业现象，“社区大脑”后台就会实时报警，执法人员会在第一时间进行处置，商家跨门营业现象基本消除，形成了长效监督机制。

社区内的高空抛物由于难以找到抛物者且举证困难成为始终困扰基层政府和社区管理人员的一大难题。“社区大脑”在大楼外部安装红外线报警装置，后台通过读取物品的抛出轨迹可精准判断抛物所在户。“社区大脑”让社区居委会干部处理高空抛物“从容”多了。调研中L街道某居民区党支部书记说：“高空抛物一直是社区管理的顽疾，过去无法确定是谁家抛物，贸然上门，一户一户询问，很容易让人反感，效果也不好。现在小区安装了红外感应探头，当监测到了垃圾从高空抛下，位于街道的‘社区大脑’联合指挥中心就会第一时间向所在居委会发出警报。居委会干部调看小区里的摄像探头，根据抛物轨迹能够迅速锁定抛物所在户。”

L街道加装电梯工作一直以来推进速度较快，数据主动“开口说话”是社区干部的一大法宝。调研中了解到，L街道将以往成功加梯的40个楼组信息导入数字驾驶舱系统，从政治面貌、社区活跃度、享受公共服务情况等多个维度对成功加梯的居民数据进行分析，描绘出最有可能加梯的“潜在楼组”画像。通过大数据分析，隐藏在加梯楼组背后的“治理密码”逐渐浮现，按照数据模型在人、房、户数据库中做比对后，由系统智能推荐出最为相似的楼组。社区干部根据系统推荐开展群众工作，加装电梯工作更加精准、高效。2020年6月以来，L街道有37个楼组实现加梯，其中有21个楼组来自数字驾驶舱的智能推荐。

L街道“数字驾驶舱”模型倒推功能也能用在社区骨干精准动员方面。在全市居（村）委即将换届之际，作为社区基层干部得力助手的广大楼组长也将同步选举。新一届楼组长人选成为各居委会干部非常关心的现实问题。L街道“数字驾驶舱”对社区内近2000名现任楼组长进行了大数据分析，每个人被贴上多至十几个精细化衡量标签：是否是在册党员、志愿者，是否是居民区骨干，是否热情参与社区活动，是否经常提供建议等，从而得出包含楼组长政治面貌、对公共事务支持度、享受社区服务次数、建议提交数量、社区活跃度等多个维度的群体模型画布。L街道将这一画布沉入民情数据湖泊，就可以“打捞”出与现任楼组长高度相似的“后备力量”，极大地助力社区工作队伍建设。

三、L 街道“社区大脑”项目取得的成效

民生服务更加精准。“民情日志”信息系统覆盖 L 街道社区 3 万多户居民家庭、近 8 万居民群众，共设置 53 个身份标签、60 个服务标签、10 个管理标签，获取数据涉及年龄、职业、学历、政治面貌、民族、收入水平、残疾状况、民政救助等上百条字段。随着“数据驾驶舱”的投入使用，社区服务理念发生了从“群众跑腿人找服务”向“数据跑腿服务找人”的根本性变革，推动了“人民为中心”理念在 L 街道各项社区工作中落地生根。“数字驾驶舱”内近 1000 万条民生数据汇集沉淀，这些民情大数据在社会动员、服务找人、风险预警等 8 个领域的 57 类应用中“开口说话”，使“站在数字上治理社区”成为可能。“数字驾驶舱”经过对民情大数据的分类查询和展示，可以形成较为直观的群体数据分布图，便于第一时间发现和查找社区同一类型的所有困难人员的结构和分布，确保精准民生服务不遗漏、全覆盖。例如，通过老年人口的热力图分析，L 街道将辖区内废弃的托儿园改造成了社区综合为老服务中心，为辖区内老人提供养老服务。又如，“数字驾驶舱”通过标签筛选出独居老人与“纯老户”家庭，结合民生行为分析等多项指标数据，智能研判空巢老人安全系数，一旦超过风险系数阈值，“数字驾驶舱”就会自动推送短信提醒居委会干部，居委会干部会及时上门查看核实情况，有效提高空巢老人家庭发生意外事件后的及时救助率。

问题响应更加快速。智能化的感应末梢“代劳”了原本需要人力解决的问题发现环节，街道可以把管理力量集中投放到处置环节，

问题响应与解决速度明显加快。智能感知网建设对构建“快速响应、快速处置、快速反馈”提供了强大的技术保障。例如，一旦小区发生烟感报警，根据最近距离原则，遵循“接到问题 10 分钟到现场，一般问题 1 小时解决”的要求，“社区大脑”指挥中心第一时间会通知小区物业人员赴现场查看，实施应急处理，并根据现场勘查情况，制订消防处置方案，使消防安全事故在萌芽期得到有效遏制。又如，为保障小区生命通道畅通，安装的地磁感应就像一双双 24 小时睁开的“眼睛”，一有车子停放 5 分钟以上，小区保安就会接到警报，及时查看，移除车辆。再如，通过在单元门洞安装门磁与影像采集感应，能够准确知晓小区人员进出、大门是否有长时间异常打开等情况，及时排除安全隐患，为社区居民生活构筑了坚实的安全保障。

社区管理更加高效。在智能感知报警的基础上，L 街道贯彻“就近、快速”的处置原则，改变过去自上而下、逐级下达的处置模式，积极探索扁平化管理机制，从各应用场景的处置实际出发进行管理职责的再强化和管理流程的再分配。“社区大脑”催生了一场街道队伍建设变革。公安、市场、城管等职能部门以及物业公司等管理、服务力量均配发蓝牙非接触身份管理手环，可以实现人员的实时定位并记录行动轨迹。遇到需立即处置的管理问题，“社区大脑”指挥中心指挥长能够依据轨迹图确定人员位置，就近调配最近的管理力量赶赴现场，有效提高问题处置效率。此外，“社区大脑”通过科学手段让社区干部可以有针对性、高效地完成社区工作，在为社区干部减负的同时，切实提升了社区服务能力，减负增能的实现得益于社区治理从“人力发现被动处置”成功向“数字吹哨主动干预”的转变。

供需匹配更加科学。传统治理模式下居委会、社区社会组织、居民的需求与资源都是依靠人工匹配，效率不高还容易遗漏。如今L街道依托“社区大脑”的“资源链接”场景，能让需求与资源“一键搜索匹配”，帮助社区干部实时了解“人在哪里、需求在哪里、资源在哪里”。L街道“社区大脑”的“数字驾驶舱”系统能做到场地、骨干、参与对象等各类资源的智能匹配，推动决策从“主要依靠经验”向“主要依靠数据”转变。例如，当前各地社区普遍开展了妇女两病筛查服务，传统做法费时费力，有的居民还容易错过。L街道运用“数字驾驶舱”自动筛查符合条件的人员，通过智能外呼系统推送短信通知，主动告知服务内容，实现信息到人、精准服务。又如，通过智能大屏显示的公共服务点位分布地图，街道工作人员可以直观分析各类公共服务空间的辐射半径、服务人群等信息，不断优化管理决策，使社区食堂、托幼点的点位选择更加科学，通过合理配置服务资源充分满足社区居民需求。

第二节　P区“城市大脑”案例

一、案例概述

P区是A市中心城区之一，下辖8个街道2个镇，区域面积较大，辖区人口特别是外来人口多，社会结构复杂多元，基层社会治理难度大。为了贯彻落实A市市委、市政府《关于加强本市城市管理精细化工作的实施意见》《A市推进智慧城市建设“十三五”规划》《关于本市推动新一代人工智能发展的实施意见》等文件精神，进一步提升P区公共安全、公共管理及公共服务水平，2018年上半年P区在A市率先启动了区级层面“城市大脑”建设，探索应用大数据、物联网、人工智能等新兴科技手段创新社会治理，打造“物联、数联、智联”三位一体的城市管理新模式，提升治理成效。

P区政府相关部门根据区委、区政府领导提出的应用智能物联网等先进技术打造“城市大脑平台”，支撑本区转型发展，建设宜居宜创宜业生态区的建设要求，结合本区实际情况，制订《P区“城市大脑”建设实施方案》，明确建设的总体思路和目标：根据公共安全、公共管理和公共服务三个“公共”的需求，打造物联、数联、智联三位一体的P区“城市大脑”平台，具备全区域、全时段、全要素采集基础数据的能力，提升城市态势感知能力。公共安全方面，系统形成准确预警、及时处置、整体防控的安全体系，由事后被动应对转向事前主动发现；公共管理方面，全面透彻感知城市运行状态，提升城市科学化、精细化、智能化管理水平；公共服务方面，提升社区精准化、专业化服务供给能力，多层次、全方位满足社区群众的需求。社会治理模式不断创新，体制机制逐步完善，基本形成完善的社会治理体系，增强人民群众的安全感、获得感和幸福感。

具体到本书关注的社区治理层面，P区“城市大脑”提出的建设目标是通过建设覆盖全部实有人口民情、组织、房屋、车辆及日常社区治理等信息的数据资源体系，总体架构可以用“1、2、3、4+X”来概括。“1”代表P区“城市大脑”的一个中心，即区级大数据中心。以区级电子政务云为基础，进一步汇聚政务数据、行业数据、社会数据，打破部门“数据孤岛”，打造汇聚各种来源的、各类数据的“数据湖”，统筹构建“云数联动”的数据共享交换平台，在共建、共用基础数据资源的基础上，实现跨层级、跨部门、跨系统、跨业务的数据应用。“2”代表两张专网，即覆盖全区的无线专网与连接区、街镇、片区、居村委等的光纤专网。“3”代表三级平台，包括区级平台、街镇平台、N个委办平台和片区平台。“4”代表四级应用，对应区、街镇委办、片区、居委处置权限的大数据应用。“X”代表服务于城市精细化管理领域的前端各类传感器，以及与之相配套的各类处置流程。

为了有效推进城市大脑项目，P区成立了由副区长担任组长、区科委为牵头单位、各委办与各街镇为成员单位的专项工作领导小组，明确各单位分管领导和联络员，并要求各单位成立专班、明确专人，负责落实推进工作。项目建设过程中涉及多方参与主体。区科委统筹项目方案设计与实施，制订《P区“城市大脑”建设实施方案》及相关框架协议，通过公开招投标确定项目建设公司。区网格中心负责梳理和整合各部门职责，在征求了各专业条线意见的基础上，根据“城市大脑”平台应用场景及传感器的技术标准与用途对相关处置事项标准与流程实施再造，同时落实监督考核机制。街镇网格中心负责收集与反馈区域内相关设备的需求、布点位置及运行中发现的问题，同时做好与相关职能部门、居委会和建设单位的沟通协调工作。居委会与小区物业公司负责人安装“社区大脑”管理员手机客户端软件，深入社区针对高龄与独居老人配备智能居家安全四件套设备（门磁、烟感报警器、可燃气体泄漏监测和红外体征监测），并根据各自职责分工具体负责传感器报警后的问题处置。项目建设公司具体完成两个专网、“城市大脑”平台及相关传感器、高清摄像头的建设、运行和维护。

截止到 2019 年 6 月，P 区“城市大脑”“1、2、3、4+X”建设目标基本完成。区级“城市大脑”平台投入运行，两个专网全面铺设完毕，三级平台、四级应用覆盖全区所有 10 个街镇、25 个片区、重点委办局及全区所有社区单位。45 类应用近 11 万个物联传感器遍布全区，建立大屏管理系统、PC 端应用平台、移动端 APP“三位一体”的管理体系，初步实现区基础数据库、相关委办局、各街道镇及各类专题政务数据汇聚应用。P 区“城市大脑”依托四级应用，将前端感知转化为有效管理，实现城市管理向“标准化+智能化+人性化”转变。

二、P 区“城市大脑”社区治理主要场景

P 区“城市大脑”首期打造了包括独居老人“四件套”、违法建筑监控、电梯运行监测、垃圾处置监测、河道水质监测等 46 个应用场景，覆盖全区 10 个街镇，涵盖公安、消防、市场监督、河道、民政、绿容等 10 多个条线职能部门，在 P 区全区域、全时段采集数据，初步探索形成城区一体化智能化管理模式。

P 区老龄人口多，为更好地服务老年人群，积极应对人口老年化，“城市大脑”为辖区各街镇独居老人提供智能化服务设施“四件套”：门磁统计门的开合情况，红外体征监测探测老人的活动状态，烟感报警器监测可能发生的火情，可燃气体泄漏监测检查可能由于忘关煤气发生的燃气泄漏。独居老人家中的红外体征监测传感器如在系统设置时间内未监测到老人的活动迹象，平台会自动报警，并在第一时间向其法定监护人及社区服务管理人员同步推送信息，

监护人如无法在规定时限内处置，在征得其同意后可由社区服务管理人员跟进处置，确保老人得到及时救助，处置结果和事件状态会在系统中实时显现。

电动车是很多社区居民的重要出行工具，但由此所带来的乱停乱放、飞线充电等现象隐藏着巨大的安全隐患。电瓶车管理难、充电难深深困扰着很多 P 区辖区内的社区服务管理人员和小区居民，为了解决这一老大难问题，在“城市大脑”系统的支持下，P 区很多住宅小区对非机动车棚进行了重新改造，安装了智能充电桩、电弧灭火保护器、消防喷淋、烟感报警器等设备。电动车智能充电桩采用微信支付方式，只需扫码支付即可完成充电，充电异常时自动切断电源，并及时推送信息给车主和社区管理人员。安装智能设备后，只要有电动车充电异常或者温度过高，社区服务管理人员第一时间就会通知物业人员前往处理。原本破旧的小区车棚摇身一变，成了安全可靠的“智能停车棚”。

为了杜绝电动车进入电梯的不安全乘梯行为，P 区在高层居民楼电梯安装智能“安全护航员”——“AI 智能眼”。一旦发现有电动车进入，电梯将停止运行，智能系统还会通过梯内的屏幕自动语音喊话，通知乘客将电动车移出电梯。此外，如有宠物未牵绳进入电梯，或者老人在电梯内突发身体不适等特殊情况，“AI 智能眼”同样也会捕捉下来，第一时间通知社区服务管理人员，社区服务管理人员可以通过电梯屏幕视频对讲系统与遇到危险的居民对话，及时了解和处置问题，确保居民乘梯安全。

小区智能安防是“城市大脑”的一类重要应用场景。P 区通过在辖区内每个小区安装高清摄像头，对小区的出入口进行实时监测。

社区服务管理人员可以根据每日不少于 4 次的随机抽查数据对小区安防情况进行评定并亮灯督办，用绿黄红三色灯标注出入口的管理情况。绿灯表示出入口管理情况较好，黄灯表示出入口管理存在一些小问题，经提醒后还未完成整改。红灯表示出入口管理存在严重问题，经多次提醒后还未完成整改。对于出现黄灯的小区，立即通知物业、居委会督办，加强出入口管理，并限期整改。对于出现红灯的小区，由街道片区分管领导负责会同相关科办进行现场督办。

高空抛物一直是很多高楼小区居民担心的大问题，P 区各街镇不断加大对高空抛物行为的预防和惩治力度，但“取证难”却成为管理的瓶颈。为了根治这一顽疾，“城市大脑”项目实施后，在小区设置了监控高空抛物的电子眼，可实现 24 小时监控、抓拍图像、实时报警。每当有物体从窗口扔出且形成自由落体轨迹时，系统会自动抓取记录。即使在漆黑的深夜，高空突然落下的烟头也能被清晰地捕捉到，同步传输至街道城运中心大数据平台并触发警报，管理人员的手机政务软件会实时收到提示信息。电子眼智能抓拍让高空抛物行为无所遁形，扫除了居民头顶上的隐患。

新冠肺炎疫情进入常态化阶段以来，P 区依托“城市大脑”平台，运用数据集成、实时监测、随机督查、亮灯警示、提醒督办、奖惩并用等管理模式，推进社区疫情防控向数字化、智能化方向发展。系统上线后，原先要填写的疫情防控摸排表、来（返）市人员信息表、人员健康登记表等只要录入手机里的“政务微信”客户端，数据就会实时传输到“城市大脑”中的“疫情防控”模块后台。辖区居民小区、商务楼宇（园区）、沿街商铺人员摸排和消毒等所有和疫情有关的工作信息将集中显示在街道城运中心的电子显示屏上。

该系统的应用不仅大幅度减少了填表的数量，还通过及时有效地对数据进行汇总分析和研判，能快速锁定重点区域和人群，为制定科学合理的疫情管控措施提供了数据支持。

三、P 区“城市大脑”取得的成效

智能识别社区治理问题，提高风险感知和预判能力。P 区“城市大脑”改变了传统社区治理依靠人工发现和感知问题的传统方式，各类应用场景下数以万计的传感器和神经元发挥了“智能发现”的作用。物联网、传感器、高清摄像头等设备实时监测场景、实时反馈数据、及时派单处置，极大地提升了治理效能，提高了问题发现与处理效率。当前，P 区“城市大脑”已经纳入 A 市一网统管平台，通过自动发现、派单、处置、核查、结案的闭环管理，实现第一时间自动报警、第一时间上门、第一时间处置。另一方面，随着 P 区“城市大脑”的运行，通过各类传感器及高清摄像头等智能设备采集到的社区治理各类数据已初具规模。基于现有数据基础，结合案例库中各类事件特征及具体处置情况数据，利用大数据和人工智能的技术和算法进行预测性建模，实现对超大城市社区治理风险点和最佳处理方式进行预测与研判，有助于提早做好并优化风险预防方案。调研中 P 区“城市大脑”工作人员提道：“消防风险预警场景的数据经过了一年多的运行已经积累了不少数据，通过大数据统计分析可以知道哪个地区有多少起火灾或者存在火灾隐患，消防风险点的时空分布是有规律的，数据分析能够反映我们工作的薄弱环节，这样就可以合理配置工作力量和工作重点。”

构筑智能安防体系，提升居民安全感满意度。P 区老旧小区较多，老旧小区安防基础设施陈旧，居民区的安全问题一直是社区治理的重点和难点问题。“城市大脑”项目自运行以来，基于物联网、人工智能及相关智能化设备已构筑了一整套社区智能安防体系，主要包括具有人脸识别功能的智能门禁系统、基于高清摄像头和传感器的智能监控系统、基于电弧灭弧监测报警等传感器的智能非机动车棚、基于违停检测与火灾监测的智能机动车库等。P 区“城市大脑”的智能社区安防建设全方位升级了社区安全保障体系，提升了居民安全感和满意度。针对 P 区下属 3 个街道居民的问卷调查显示，超过 80%的居民将“社区安全”作为自己认为最重要的“城市大脑”应用功能，超过 75%的居民对 P 区“城市大脑”社区智能安防表示满意。在对社区工作人员的访谈中也验证了社区智能安防体系发挥的积极作用。小区保安负责人表示：“‘城市大脑’项目在社区层面推开后，小区里安装了大量摄像头、人脸识别、智能门磁等设备，确实可以发现很多问题，而且居民知道安装了这些技防措施后会比较安心，对犯罪分子也有威慑作用。”P 区社区民警提道：“‘社区大脑’实施后管片小区三车偷盗、入室盗窃等案件明显减少，有一个月发案率为零，居民安全满意度提升了，流动人口登记与更新率也上升了。现在安防方面是人防和技防相结合，效果很好。”P 区城管中队负责人谈道：“现在一些原本群租严重小区的群租问题有所好转，这里面‘城市大脑’的确发挥作用。以往群租主要依靠居民举报，现在结合楼道的烟雾报警、门禁卡和智能水表异常数据我们很快就锁定了疑似群租的房间，执法成本大大降低。”

开展智能养老建设，主动关爱特殊人群。聚焦社区老人居家安全需求，P 区民政局主动对接“城市大脑”项目，联合区科委、区网格中心共同为全区约2000户社区独居老人安装了包括门磁、红外体征监测烟感报警器、可燃气体泄漏监测在内的居家安全智慧“四件套”。“四件套”全面覆盖社区独居老人、失能、弱势、残疾、优抚等重点关爱人群群体。在此基础上，P区积极探索社区老年和弱势群体帮扶工作应用场景开发，将“人工+智能+数据可视化”相结合，从单一的为老服务向关爱人群全覆盖管理转变，从单纯的神经元自动报警发现向主动发现、自动发现相结合的前端处置转变，从分散的纸面数据统计向立体化、信息化的可视系统转变，全面打造有温度、有广度、有深度的关爱特殊人群服务管理模式。调研中居委会工作人员谈道：“我们小区独居老人有好几十位，年龄最大的将近100岁了，有的子女还常年不在身边，甚至在国外。传统帮扶方式主要靠工作人员上门看望，了解情况。现在签约使用设备的老人，其家属的手机会安装相应的APP，当发生异常情况时，家属和我们居委会工作人员都会接收到推送的信息，我们可以最快在几分钟内赶到房间，避免老人因摔伤、突发疾病等未被及时发现造成更严重的后果。”

第三节　技术增能型治理的逻辑

一、“强政府主导—弱居民自治”：技术增能型治理的基本特征

L街道“社区大脑”和P区“城市大脑”项目属于具有强政府主导性与弱居民自治性的技术增能型城市社区治理智能化模式，这

类治理模式的主要目标和作用在于运用技术手段优化社区治理方式，强化国家力量在社区层面的嵌入，提升基层政府管理服务效能。

首先，L街道“社区大脑”和P区“城市大脑”项目中地方政府发挥了重要的主导作用。从项目缘起来看，两个项目均由政府发起。L街道“社区大脑”源于国家发展改革委“数字经济试点重大工程”中A市承担的“大数据与城市管理”工程的试点任务，从立项到考核验收始终得到市、区两级政府的关注和支持。P区“城市大脑”则是P区区委、区政府应用大数据、物联网、人工智能等新兴科技手段创新社会治理的创新探索，P区政府对项目做了翔实的规划和顶层设计，出台了《P区“城市大脑”建设实施方案》，明确了建设总体目标、框架结构、步骤安排和任务分工。从目标和内容来看，L街道“社区大脑”和P区“城市大脑”的目标旨在运用数字化智能化技术工具解决超大城市基层社区管理中长期以来面临的诸如问题感知与响应慢、数据共享难、问题处置规范性不足且效率低等痛点与难点管理问题。从实施效果来看，L街道“社区大脑”项目和P区“城市大脑”的实施确实提升了该地区社区管理与服务效能，物联网、大数据、人工智能等信息技术的应用颠覆了传统依靠人工发现风险与问题的模式，传感器、摄像头等设备的广泛运用实现了问题的自动识别与智能感知，使基层治理责任清晰、流程简化，极大降低了潜在风险，解决或缓解了诸如独居老人照料、小区停车、高空抛物、消防安全、跨门营业等长期以来困扰社区的老大难问题，显著提升了社区安全感与治理效能。

其次，L街道“社区大脑”和P区“城市大脑”项目中居民自治作用发挥不足。这两个项目建设和运行过程中区政府发挥了顶层设计的作用，基层政府承担了项目主体责任，企业则具体负责建设运营。社区居委会、业委会等居民自治组织和社区居民虽然也参与其中，但是其作用发挥并不明显，在一定程度上属于被动卷入。在对若干小区的实证调查中发现，居委会、小区物业公司、社区居民反映在项目方案设计阶段基本没有参与。施工建设过程中居委会和物业公司是接到政府通知后配合和协助技术公司完成设备铺设和调试。设备安装完毕后，居委会和物业公司的工作人员虽然接受了建设方企业的培训，但执行中很多具体问题不是很清楚，只能采取一边干一边学一边问的方式。有居委会工作人员表示："这个项目执行到现在，我们没有看到正式的文件，开会的时候知道大致的情况，但具体的目标、每个阶段要做什么，不是特别明确，在操作流程上也比较困惑。"在对小区居民的调查中，超过半数居民表示没有听说或者不清楚这一项目，一些居民对项目的了解也仅限于看到小区中安装了摄像头、人脸识别和智能车棚的设备，对于项目具体内容并不知晓，即使有疑问也缺少发声的途径。一位居民表示："安装这个人脸识别设备是不是必要呢？我看到网上说这个有可能造成隐私泄露，人脸识别安装设备之前也没有征求我们意见。"

二、技术增能型治理的行动者网络与转译过程

行动者网络理论包括行动者、异质性网络与转译三个核心概念。行动者分为人类行动者与非人类行动者。L 街道"社区大脑"和 P 区"城市大脑"案例行动者网络中人类行动者包括组织和个人两种类型。其中，组织包括政府部门、社区居委会、物业公司、技术公司，个人包括政府公务员、居委会干部、物业公司和技术公司员工

以及社区居民。两个案例行动者网络中的非人类行动者包括新一代技术与智能终端及设备两种类型。技术包括互联网、物联网、人工智能、大数据分析等，设备包括各种传感器、人脸识别装置、高清摄像头、电磁感应设备、烟感报警器、各种 APP、PDA、智能手环、智能电表、智能水表，等等。

在这些行动者所构成的网络关系中政府及公务员是核心行动者。在 L 街道“社区大脑”项目中的核心行动者是 L 街道办事处，而 P 区“城市大脑”项目的核心行动者是 P 区政府。核心行动者的作用在于确定行动目标，设计项目方案，招募其他行动者，并决定着利益和资源分配，总之，核心行动者掌控项目运作全过程。除了核心行动者，两个案例中的其他行动者为关键行动者或共同行动者。社区居委会及其工作人员负责按照基层政府的要求在本小区推进落实，并通过自己对相关智能应用的使用体验及与其他行动者的沟通及时将项目进展反馈给政府。技术公司负责各类设备的安装、维护与检修。物业公司及其员工是各类智能化设备的管理员和问题处理的一线操作员。小区居民是各类智能化应用和设备的用户，也是城市社区治理智能化建设的受益者和服务对象。物联网、人工智能、大数据分析等技术类非人类行动者是社区治理智能化项目得以生成和运行的技术基础，各类智能设备则是智能化治理的应用载体，基于这些技术和设备，城市社区治理智能化创新实践得以实现。

行动者网络理论转译过程包括问题化、利益赋予、招募与动员 4 个环节。根据行动者网络理论，问题化环节的主要任务是确认需要解决的关键问题并由核心行动者确定行动者网络的强制通过点，即所有行动者实现共识的目标。技术增能型治理模式面临的问题是城市社区治理面临的如高空抛物、社区安全、独居老人照料、小区停车等痛点与难点问题，这些问题不仅长期以来困扰社区工作者，也成为社区矛盾与风险的诱发因素。作为核心行动者的基层政府所设置的强制通过点是通过运用信息技术解决社区治理难题，提升社区管理与服务效能，让社区居民满意，减轻社区工作人员的压力和负担。利益赋予环节要分析项目对行动者的潜在利益及其实现障碍。对于政府及其工作人员来说，社区治理智能化创新能够落实上级政府要求、符合时代潮流、提升治理效能，同时可以凸显工作成绩。对于技术企业来说，主要的利益是承接政府项目后获得商业利润以及市场影响力。对于社区居委会和物业公司来说，新的管理模式如能发挥积极作用，不仅能够提高工作效率、解决痛点问题，还可以减少自身工作压力和负担，赢得居民的认可和好评。而对于社区居民，智能化应用和设备的运用可以提高各类社区服务治理，提升其居民的幸福感与满意度。招募环节主要任务是吸纳相关行动者进入网络，明确目标和任务。基于对相关行动者潜在收益的分析，作为核心行动者的基层政府可以采取不同策略建立行动者网络：通过招投标将项目的建设与维护责任委托给有资质的技术企业，通过建立工作小组或联席会议明确政府各职能部门职责，通过召开会议将需要落实的任务布置给社区居委会。最后的动员阶段，社区居委会干部作为项目在小区层面的责任主体，通过向社区工作者、物业公司员工、楼组长的宣传动员进一步扩展了行动者网络，作为技术责任主体的科技企业对小区居委会和物业公司员工进行了技术指导，让一线执行人员了解和掌握智能化应用和设备的使用方式，确保日常运营，至此转译过程得以完成。

三、技术增能型治理面临的困境与挑战

L 街道“社区大脑”和 P 区“城市大脑”项目虽然取得了阶段性成效，但是调研中了解到项目实施过程中行动者遭遇了很多困难与挑战，这反映了技术增能型社区治理智能化创新实践普遍存在的问题。总结起来包括项目目标与标准、政策资源、行动主体之间沟通与合作、行动者处置、技术环境等方面。①

第一，项目执行标准和要求不明确。L 街道“社区大脑”和 P 区“城市大脑”项目的实施属于典型的自上而下模式，虽然政府在顶层设计中对项目的目标、要求和进度做了统一部署和安排，但是实施过程中关于不同场景和问题的具体要求和技术标准依旧比较模糊。以 P 区“城市大脑”项目为例，《P 区“城市大脑”建设实施方案》中提出了“1、2、3、4+X”的整体建设目标，但政策制定部门并未出台相关配套政策文件和实施细则。由于缺少执行标准和操作细节方面的明文规定，加之政府也未召集各街镇与委办局相关部门进行集中培训与指导，政策执行中各条线部门的执行人员反映，对于项目的具体目标、执行要求与操作标准一知半解，当遇到实际问题时执行者不知道如何解决，也无法确定不同事项应该咨询哪个部门。调研中有受访者反映：“这项政策执行到现在，我们没有看到相关的文件，开会的时候知道大致的情况，但具体的政策目标、每个阶段要做什么，不是特别明确。”“平台试运行到现在，确实能智能发现问题，接到报警，各个层面都会做相应的处置，从平台数据

---

① 王法硕，陈泠．社会治理智能化创新政策为何执行难？——基于米特-霍恩模型的个案研究［J］．电子政务，2020（5）：49-57.

来看，确实做了很多工作，但是目前具体的执行标准不明确。还有在操作流程方面，感觉条线上工作人员比较困惑，具体的问题不知道该咨询哪个部门。”

第二，项目日常运营所需资源配置不足。社区治理智能化项目的建设需要投入大量人力、物力财力资源，L街道“社区大脑”和P区“城市大脑”项目能够在较短时间内基本建设完成得益于较为充足合理的资源配置。但项目建设完成后社区管理人员发现智能化项目的日常运营投入较之传统社区治理模式具有显著差异。智能传感器可以实时感知的风险与问题几倍甚至十几倍于传统的人工排查模式，就单个问题和风险事件而言，智能化治理模式的确提高了效率，但是总体而言需要处理的问题数量倍增。这就需要配置更多的人力资源并进行相应的专业培训，才能有效完成处置任务。但在项目建设和运行过程中，虽然工作量与以往相比大幅度增加，但是居委会干部、网格员、物业管理人员等一线执行人员数量并没有增加，也未对其进行系统化培训，加之居委会干部等基层管理人员权威不足、缺乏对于小区物业人员相应的奖惩机制，工作开展中难免捉襟见肘，甚至出现手忙脚乱的情形。调研中有居委会工作人员反映：“街道要求提供项目落实相关的台账和记录，尽管没有专职工作人员，但是每个居委会还是要有一个人负责这块的，就只能兼职了，人员还是要配上去的。”也有街道网格员提道：“平台在智能发现问题上确实发挥了效用，但是发现了问题还是需要相关人员去处置解决问题，同时增加了那么多设备，但是人员配备上没有增加，我们的工作人员都是兼职在处理平台上的派单。平台对处置人员的要求比较高，老旧小区的物业大都是看守物业，从业人员的处置能力达不到其要求。虽然之前有相关的培训，但只是培训如何使用平台和手机 APP。希望能有指导性的文件，提供专业人员配备，建立相应的管理体制机制。”

第三，行动主体之间缺乏制度化沟通与合作机制。社区治理智能化项目一般涉及区政府、区相关职能部门、街镇政府、城运中心、社区居委会、小区物业公司及项目建设公司等多元主体。政策执行中执行机构之间明确的责任分工与有效的沟通合作对于政策执行效果至关重要。然而，在调研中发现，项目实施过程中在试点与非试点地区执行机构沟通与合作的成效存在较大差异。在试点街道，得益于街道领导的重视，街道与区政府各相关部门、社区居委、物业公司及项目建设公司合作较为顺畅，能够采取会议、微信群、个人接触等方式及时针对项目实施进度与要求，特别是对执行中的问题进行协商，并及时采取行动解决。试点街道工作人员表示：“作为试点单位，我们领导有信息化的专业背景，多年来对于智慧社区建设始终比较重视也有很多想法。项目落实中我们领导经常组织相关部门开会或是通过非正式场合讨论，积极推进该项目。”但在非试点街道，相关执行机构间普遍未建立有效的沟通合作机制，直接导致不同机构间的协同处置面临障碍、沟通效率低下、权责归属不明晰等突出问题。例如，区城运中心、街道相关职能部门与建设公司在前期没有与社区居委会及物业公司对于相关设备的需求、布点位置、处置方式等方面进行充分沟通与协调，导致设备建成后功能发挥受到限制，增加了发现问题和处置问题的难度。调研中有些居委会工作人员和物业管理人员反映：“传感器布点安装之前没有和我们沟通过，我们是事后才知道，经过核实发现有些布点位置不准确。楼道中的烟雾报警器有消防的也有‘城市大脑’的，容易混淆，到底是什么传感器，还是要请专业的人员过来看后才知道是什么报警。”“前期设备布点安装的情况我们不是很清楚，平台落成之后知道了传感器的数量，但是传感器的位置还是不太清楚，因为平台上显示的各传感器的位置都是大概的位置，没有详细的具体位置。”“设备出现误报和发生故障等情况，我们也不确定要如何处理，咨询具体哪个部门。设备后续的维护工作，出现了故障要如何处置，谁来处置不是很清楚，我们也是一层层联系咨询，中间流程有点复杂。”

第四，一线执行者的技术运用能力存在欠缺。社区居委会及小区物业公司工作人员是社区治理智能化项目的一线执行者，也是落实政策的行动主体，其执行能力直接决定了项目实施效果。无论是L街道“社区大脑”还是P区“城市大脑”都得到了各级政府领导的关注，领导的注意力和对项目提出的期待与要求经过自上而下的传导对一线执行者构成了一定压力。总体上看，一线执行者对于智能化项目的态度比较积极，但由于此类项目对于执行者数量及技术能力要求较高，而现实情境下多数社区受制于自身能力、信息获取及专业培训等资源不足的局限，项目实施过程中存在执行力不足，甚至执行不到位的情形，突出表现在不少一线执行者对于社区治理智能化项目的理解不到位，对于App等设备的使用方法及传感器报警后的处置流程不清楚、不熟练。访谈中有物业工作人员谈道：“小区发生问题的处置，主要靠物业公司，居委会做辅助，经过多次宣传现在我们小区物业从经理到普通工作人员对于利用智能设备解决小区问题都比较接受。但大多数物业人员年龄偏大，能力上无法满足技术要求，这需要增加培训，让他们知道这些设备的主要功能，发生问题要怎么处理，这不是一蹴而就的事情，毕竟是新的东西，要慢慢接受它，有个适应的过程。”“处置的 App 一般是装在物业经理的手机里，培训一般也是物业经理去参加，但具体处置问题的一线人员可能不是物业经理，所以在处理完问题之后，有时候没有设置好 App 上的处置流程，问题事实上早已解决，但 App 显示问题还未解决，这会对物业人员的考核带来影响。”

第五，社区治理智能化微观环境尚未形成。在环境因素方面，社会治理智能化的技术环境因素可以分为微观与宏观两个层面。从宏观层面看，随着大数据、物联网、人工智能等新兴技术的发展，特别是从中央到地方各级政府对于利用信息技术提升国家治理能力和治理水平现代化的重视，宏观技术环境有利于社会治理智能化创新的开展。然而，在具体的应用场域下，社区居民对于大数据、人工智能等技术如何改进社区管理与服务、提升老百姓的生活质量尚不清楚，尽管多数居民知道自己小区在实施智能化创新项目，但对于智能化应用及设备的具体功能了解和认同程度不高，经过社区工作人员的宣传和解释，居民接受度有所提升。对于 P 区居民的问卷调查表明，听说过“城市大脑”项目的居民达到 96%，但表示了解具体情况的居民仅占 62%。访谈中有居委会干部提道：“楼道里装烟雾报警器，居民知道。但是我们也搞不清楚这个城市大脑，究竟包括什么东西，开会时候领导和公司技术人员说了一堆大数据、传感器、物联网之类的，说实话我们也不太懂，就没法跟老百姓宣传。但是做我们都是按要求做了，只是不太清楚其中的原理。比如我就很疑惑，现在讲的‘城市大脑’和以前做的智慧社区有什么区别？这个大脑有哪些新功能？”访谈中有居民对于小区出入口安装人脸识别设备有意见："装这个有什么用？本来有卡就可以的，现在还要专门去录入信息，很麻烦，同时我亲戚朋友比较多，每次到我小区进不来很烦。"也有试点街道的居委会干部提道："在摄像头安装的过程中，有居民对项目不了解担心隐私泄露，有过不配合，但是经过宣传解释，特别是确实感到小区安防能力得到了提升后，大多数居民都理解支持了。"

第五章 弱政府主导—强居民自治的技术赋权型治理

第一节 M镇社区“Yi”平台案例

一、案例概述

M镇地处A市西南部，区域面积28.07平方千米，辖有15个行政村、64个居委会。随着经济社会的飞速发展，作为超大城市的A市基层社区治理的事务日益繁杂，居民的民主意识和维权意识不断增强，传统居民参与社区事务和社区管理的途径已经不适应当前互联网和大数据时代的发展。M镇下属115个社区普遍存在社区事务业主参与度低，业主表决信息不透明，业主信息不对等，工作推进缺乏信息化技术支撑等难题，导致社区工作开展困难、社区工作者压力大、办公效率低下等问题。

新时代背景下的社区治理和居民参与亟待变革和创新。2016年以来，M 镇以“互联网+”智慧社区建设为契机，以基层党建为引领，围绕有序扩大居民参与渠道和途径这个主题，抓住社区各类事务信息公开这个关键，整合社区中心、房管办、司法所、文体中心、社保中心、卫生服务中心等相关职能部门资源，利用微信公众号作为载体，开发建立了一套社区服务云端智能管理服务平台——社区微信“Yi”平台（以下简称“Yi”平台），以现代信息化管理模式，提高群众参与自治、共治的热情和能力，进一步推动社区治理创新。

“Yi”平台以社区范围内的党建、居委会、业委会与物业管理、平安建设、便民服务、文明创建等工作为主要内容，集成了业主大会线上表决系统、信息发布、云物业管理、用户身份标签管理、考核管理、便民服务、志愿者管理、在线咨询和大调研等 9 大模块、33 项功能，形成了有序引导群众参与社区自治、共治的新机制。小区居民和业主可以通过其中的 19 个子栏目使用“Yi”平台，了解小区最新动态、信息，并通过线上互动，参与社区事务的管理，共同创建美好家园。M 镇社区“Yi”平台从 2016 年启动至今已经开展了三期建设。一期主要致力于系统大框架的搭建，以解决业主大会投票难题为重点实施目标，实现业主大会投票的公平公正公开，并且对社区的居民进行信息化管理与业主实名认证，实现数据留存查阅。二期主要是在一期基础上进行的升级优化，重点针对业主大会的投票选举功能进行了完善，将平台与微信公众号管理后台进行有效的对接，实现两个后台互通互联和社区中心对 117 个小区的统一管理。三期对二期建设进一步优化升级，实现 PC 端和移动端更好地协同操作，并将与居民生活息息相关的职能版块接入社区治理平台中，增加志愿者管理、司法咨询、文体菜单配送、便民服务、粉丝管理等功能，进一步提升社区居民服务的质量，提高居委会与业委会工作效率。

二、M 镇社区“Yi”平台主要功能

（一）业主大会投票与电子表决功能

社区业委会工作中组织召开业主大会是一项工作重点和难点，不管是集体讨论还是书面征求意见都存在不尽如人意的地方，容易出现假票、作弊投票等问题，由此产生的矛盾屡见不鲜，严重的甚至还会导致业委会工作陷入瘫痪。因此，M 镇社区“Yi”平台将电子表决系统作为平台的核心功能，通过实行线上实名制注册，验证业主身份和房产数据，确认业主线上投票表决资格。“Yi”平台三期建设中对投票系统进行了进一步优化，针对一个投票活动可以创建多个投票选项、用户在投票的同时可以查看投票事项内容，对于线上未阅读投票内容和线下未认证的业主自动生成线下选票、短信推送投票提醒，便于数据统计与分析。社区业委会借助大数据管理优势，使用电子书面征求意见形式召开业主大会，有效地解决了业主大会“表决程序不清、投票数据不清、表决事项不清、组织不易、参与不易、统计不易、归档不易”等问题。此外，社区业委会还将电子投票数据服务器存放于第三方上级机构——区科委，确保线上投票数据可追溯、可查询，保证数据的公正性。2017 年 8 月和 2018 年 6 月，试点社区利用“Yi”平台，采取“线上+线下”相结合的方式两次召开业主大会，成为 A 市首个通过线上电子表决系统召开业主大会的居民小区。由于参与线上投票的业主可以在投票时间段

内不受时间和地域的限制，因此虽然线上投票只有 3 天时间，但通过“Yi”平台签收表决票业主的投票率均超过了 80%，相比于以往通过楼道公示、信箱发送及业主代表上门通知等线下传统方式，业主的投票率几乎增长了一倍。有了第一次线上投票的尝试，业主参与第二次线上投票数比第一次高出了 16%。

（二）社区信息公开功能

信息公开是社区居民参与社区自治的前提，对此，“Yi”平台将信息发布作为自身最基本的功能进行专门的设计和构建，有效地解决了社区服务和社区管理中存在的信息不透明、不对称问题。明确信息发布范围，把涉及社区党组织、居委会、业委会、物业和平安建设的 5 大类 23 项信息列入平台发布范畴，尤其是重点突出社区四位一体管理、平安马甲、业主维修资金使用、社区公共收益收支等社区居民普遍关注的事项。加大公开力度，居民可通过关注手机微信号进入相应的栏目查看，同时居委会也可在后台查看文章的阅读量及阅读人员构成。同时，工作中注重与当前重大工作推进相结合开展信息发布。例如，社区在居委会或业委会换届时，关于换届工作的所有程序和工作安排会全部发布在平台上，及时向社区居民公开，这便于居民了解整个换届过程。又如，在全区开展创建全国文明城市活动期间，关于文明创建的各项工作信息会及时发布在“Yi”平台，这便于居民了解创建进程，实现信息精准推送。“Yi”平台在运行过程中，始终坚持和完善差别化、个性化的服务形态和工作要求。“Yi”平台对涉及全部 117 个小区的公共事务，由后台云端统一实行“一键推送”的方法，保证信息完整覆盖；对特定小区和特定事务，则实行“定向推送”，落实定向送达；对党员、楼组长、社区块长等特定对象，可以实行“精准推送”，专递直达。此外，平台还实现了对历史推送信息的永久留存及实时检索。平台开通各类民生服务信息查询和预约。通过“Yi”平台，居民足不出户就可以在手机上直接查询包括医保、计生、住房、工会、征地养老、助残、救助、就业促进、劳动保障等14类共180项民生办事指南，了解具体的办事流程、办理条件和政策法规。有法律咨询需求的群众也可以在“Yi”平台的司法咨询板块进行留言，由平台聘请的专业律师团队负责解答、提出法律意见。此外，“Yi”平台还实现了社区内文体活动预约和家庭签约医生预约，极大地方便了人民群众的日常生活。

（三）社区议事讨论功能

在重视信息发布的同时，“Yi”平台将收集群众意见建议作为自身的第二个重要功能，切实保障居民的参与权、表达权和监督权。M镇要求社区各项重大事项决策之前必须在“Yi”平台上公开征求居民意见，着力解决社区事务和社区管理闭门造车的问题。“Yi”平台通过在大调研栏目中设置问卷调查、听民声等栏目以及提供线上的互动交流等方式，使平台逐步发展成为动员广大居民参与社区建设、为社区发展建言献策的阵地。依靠此平台，全镇住宅小区业委会形成了收集意见、确定主题、制订方案、表决实施、组织协调等讨论事项五步工作法。M镇居委会将每月一次的“四位一体”议事内容搬到了“Yi”平台上，将小区中的大小事用活泼生动的语言征询和告知小区居民、业主。例如，在开展的小区消防演习活动前居委会事先在平台上征求了居民意见，征集到了热心志愿者的参与，并将所有工作安排和组织任务上传至“Yi”平台。由于事前宣传组织到位，居委会、业委会和物业工作任务分配明确，在志愿者的积极配合下，消防演习取得了很好的效果。又如，M 镇 A 小区居委会在“Yi”平台上征集到了社区群众最关心的是停车难的问题，不少业主因为找不到车位就将车子停进绿化带，晴天起灰尘，雨天溅泥浆。对此，居委会和业委会就是否增加小区停车位、如何改造绿化带打通生命通道等问题在平台上征询业主意见，经过反复讨论和研究，最终形成了具体方案。由于这项工作始终是在居民参与下推进的，因此得到了群众的积极响应，最后有 80%以上的业主实际参与了业主大会的表决，通过率达到 95%以上。而且在后续的工程实施过程中，在居委会和业委会的组织协调下，小区业主积极配合，很快解决了小停车难这一居民烦心事。再如，物业管理是小区业主关心的一件大事，物业管理的满意度体现在物业公司能否及时处理业主在物业管理中的矛盾。为此，在“Yi”平台的“业主之家”内设置了“物业管理及整改”的二级栏目，要求物业公司在三天之内给予线上反映问题的业主答复，对于共性的或者难点问题，居委会及时组织召开“四位一体”会议，并将会议有关内容上传至平台，在业委会和业主的监督下，督促物业公司整改到位。

（四）社区管理服务功能

“Yi”平台三期建设中增加了志愿者管理、司法管理与文体服务管理等版块和功能，进一步满足社区管理现实需要。M 镇每个小区的居民都可以申请为志愿者，并由各小区所属的居委会进行集中管理。通过“Yi”平台志愿者管理版块，居委会干部发布活动信息，志愿者在平台上报名参与活动，实现了对志愿者的一站式管理。志愿者模块对志愿者基本信息、活动发布信息以及志愿者参与活动情况进行汇总与统计，为活动的举办和志愿者管理提供辅助决策信息。志愿者每次参与活动后都会获得平台给予的积分，并且志愿者可以去“Yi”平台积分商城兑换相应价值的商品作为参与志愿活动的激励。为居民提供法律知识与咨询是社区治理中的短板内容，居民们遇到相关的法律问题也很难立刻得到解决，从而可能滋生一系列更为复杂的问题，引发邻里纠纷与矛盾。在“Yi”平台三期建设的过程中增设司法管理模块，让居民动动指尖、足不出户就能享受到法律咨询服务，不但在社区中普及了法律知识、提升居民法律意识，更重要的是可以将社区矛盾在第一时间得到有效化解，有利于培育和践行社会主义核心价值观，营造公正和谐友爱向上的社区氛围和邻里关系。为了进一步丰富社区居民生活，扩大 M 镇文体服务的覆盖面，“Yi”平台三期建设中还增设了文体配送管理模块。社区居民可以方便快捷地在自己手机上浏览和预定 M 镇文体中心提供的活动菜单，一键订阅后，活动发起与确认的内容会以短信息的形式发送至居民手机上。文体配送功能的实现让更多的社区居民了解和体验 M 镇提供的各类社区文化体育类服务，满足了居民文体活动需要，提高了活动的参与度和影响力。

三、M 镇社区“Yi”平台取得的成效

M 镇“Yi”平台整合内部外部资源和线上线下资源，以开放性、系统性方式加强基层建设的制度设计，是一项深化基层民主制度、推进社区治理智能化的积极探索和创新实践。经过两年多的运营，

"Yi"平台目前已开发到3.0版本，全面覆盖了镇域范围内的全部117个社区，有26个居委会开通了在线实名注册验证，关注人数约为7万余人。"Yi"平台架起了党和政府与人民群众之间的新型的沟通交流桥梁，激发了居民参与社区事务的热情和积极性，拓宽了居民网络参与社区治理的途径和渠道，提升了基层群众自治的能力和水平，真正实现了"社区大事共商议、拇指表决更简易、党建引领添新翼"，为以智能化推进城市社区治理现代化提供了一条可行路径，积累了不少有益经验。

一是有力地激发了居民参与社区治理的积极性。"Yi"平台的信息发布功能，使社区各类工作更加公开、透明和规范，切实保障居民对基层事务的知情权。这不仅便于群众查阅和监督，让群众及时了解社区情况与动态，为居民参与社区治理奠定了基础，充分发挥了居民在社区治理中的主体地位，更有利于居民发挥"主人翁"意识，积极参与到社区治理中来。如M镇X社区推进"Yi"平台工作至今，已有2783人关注，有1241户业主已实名注册，占全部1789户业主总数的69%；L社区在使用"Yi"平台一年后，以实名制加入社区微信公众号的业主有377户，接近全部总数的56%，2018年该社区业委会利用"Yi"平台进行换届改选宣传，结果只用3个月就顺利完成了换届，实际投票率从过去的45%提升到了81%。

二是拓宽了居民有序参与社区治理的渠道和途径。"Yi"平台的意见建议功能和在线表决功能，使社区居民摆脱时间、地点的限制，以无差别的方式在线提交想反映的问题，充分参与到对社区重大工作的讨论、协商、投票以及跟踪督促整改中来，真正实现了以人为本，居民在社区治理中的地位和作用得到进一步凸现。借助"Yi"

平台，诸如小区停车、治理群租、召开业主大会等一些涉及居民切实利益的重点难点问题和事项被提上议事日程。例如，物业管理矛盾一直是当前社区治理中的大事。为此，平台在“Yi 家人”栏目中专门设置物业管理子栏目，开通一键整改功能。利用该功能，业主可以在线反映小区物业管理工作中的不足，物业公司对业主在线提交的整改问题必须在 3 天内给予答复。业委会和业主可共同监督物业公司是否整改到位，业主可以对物业公司的整改情况进行满意度评价。“Yi”平台可以根据业主的评价结果对全镇的物业公司进行排名。居民的满意度真正成为衡量社区服务和管理水平的重要标准。

三是进一步提升了社区自治组织服务社区居民的能力和效果。“Yi”平台的最大优势在于引导居民、业主、业委会和物业公司等多个主体有序参与社区建设和管理，在这一过程中切实增强了社区自治组织自我管理、自我规范、自我服务能力，有效促进社区自治共治规范化长效化。如 N 小区居委会在平台上看到有居民反映本社区老年活动室组织的活动单一枯燥，立即组建了本社区志愿者监督管理小组，着手将居民的迫切需求与社区具备的条件和资源有机结合起来，对社区老年活动室进行了升级改造，将其办成学习充电、拉家常和休闲娱乐的综合场所，满足了不同类型社区居民的需要，切实提升了社区居民的获得感和满意度。

第二节 X 小区社区微治理案例

一、案例概述

X 小区是一个人口导入型社区，位于 C 市城乡接合部区域。X 小区居民总户数超过 1000 户，高峰时期居民将近 4000 人。X 小区外来人口多，年轻人居多，人员构成结构复杂。长期以来，X 小区居民对物业公司意见比较大，不少业主埋怨物业不作为。但每当居委会征求业主意见却很难调动起居民参与的积极性。X 小区居民多为上班的青年白领，一般早出晚归，与居委会的接触不多，内心虽然也十分关心社区公共事务，但缺少有效的社区参与平台。为了让更多的社区居民参与社区公共事务，解决社区治理中的难题和矛盾，X 小区紧紧围绕社区居民特别是年轻居民的需求和特点，在强化服务、搭建平台、创新机制上着眼，立足 X 小区实际，以社区居民微信群和社区公众号为主要内容实施社区微治理项目。由于微信群实行实名制，小区居民之间能够坦诚交流、彼此互动，促进了邻里和谐。大门改外开影响邻居出行、双休日装修影响正常休息、空调管滴水困扰楼下居民等剪不断理还乱、居委会想管却又管不了的日常矛盾，因为群里的一声招呼，就得到了妥善化解。经过近 5 年的实践，X 小区微治理实现了惠民信息实时发布、社情民意实情反映、疑难问题实地会商、问题处理实效反馈、线上线下有机联动、多元主体自治共治。利用社交媒体小软件做成了团结、凝聚社区居民参与社区公共事务的大文章，有力带动了社区治理的“内循环”，实现收集民意、引导舆论、集思广益、破解难题、协商共治的治理目标。X 小区探索了一条激发社区居民特别是年轻居民参与社区治理的新路。

二、X 小区社区微治理的实施过程

2018 年，Z 女士来到 X 小区工作并担任居委会主任。面对规模庞大、居民投诉多、治理难度大的 X 小区，她决定改变传统楼下贴公告、大喇叭广播、召集楼组长开会的传统社区工作方法，积极适应移动互联网时代的潮流，运用社交媒体创新社区治理。经过将近一个月的策划，Z 主任和她的团队建立了“共建美丽 X 家园”微信群和微信公众号，探索社区“微治理”模式。Z 主任将社区党支部、居委会、物业、业委会人员和社区志愿者、楼组长和居民一起“请”入微信群，用小“微信”树立大“威信”，打造了“指尖上的居委会”。X 小区微信群采用实名制，居民只需标注楼号和姓名就可加入，在群内参与讨论社区事务。针对小区非公有制企业党员多、“两新”组织党员多、退休党员多、白领党员多、“口袋”党员多的特点，X 小区居委会动员社区党员亮明身份，争当参与社区治理的先锋和表率。很快，这个微信群就热闹了起来，当前已有群成员总数 400 余人，微信公众号已得到近 2000 位居民关注。回顾 X 小区基于微信平台进行社区微治理的发展历程和主要特征，大致经历了 4 个阶段。

第一阶段，居委会利用社交媒体向居民发布信息，提升社区事务公开和回应度。X 小区微信群和微信公众号建立后，居委会干部会定期发布更新 X 小区和小区所在的街镇社区建设与服务方面的信息，X 小区居委会及物业的各项工作也会及时在平台上向居民公开，接受居民监督。市区政府的一些惠民政策和 X 小区组织的活动会第一时间在微信平台发布和宣传，接受居民的咨询，居委会干部会在平台上及时回复居民关于政策方案、服务办理方面的疑问，提高了居民的知情权、参与度和归属感。社区居民经常在群里反映小区治安、环境、停车、垃圾处理等问题，有的还附上现场照片。物业和居委会相关负责人能够第一时间在群里做出初步回应，并及时赶赴现场处置，问题解决后也会及时在微信群内上传照片并告知居民。调研中有小区居民提道："我是第一批加入小区微信群的，也关注了公众号。开始我觉得这个群没啥作用，估计时间不长就会成为僵尸群。但是现在我每天都会浏览居委会干部发的一些信息，了解了不少区里和街镇做的工作，特别是要了解一些社区举办的文体活动。我平时下班晚，也不太注意社区的一些通知，不知道社区活动中心会组织这么多活动，现在微信上及时发布了信息，只要有时间我都会参与。"

第二阶段，随着 X 小区微信群成员数量的增加，社区居民在微信群上议事热情不断提升，居委会的工作重点在于引导居民对 X 小区社区治理各方面工作和社区公共问题提出意见和建议，稳步推进基于互联网的公民有序参与。例如，有居民在微信群上反映小区西南门入口处，人车混行，道路一边又停满车子，早晚高峰时段常常拥堵，行人、机动车、电瓶车争抢车道，险象环生。这个问题一抛出，微信群里便议论开了，引发居民的广泛认同和热烈讨论，居民纷纷提出建议和方案。根据居民呼声和建议，经过广泛收集意见，最终形成了 3 个方案：一是利用绿化带开辟行人通道，实现人车分离，保障行人安全；二是车行道设置中央隔离栏，挤占路边乱停车的空间，使进出车辆各行其道，保障道路畅通；三是启用车牌自动识别系统，提高车辆通行效率。社区党支部、居委会、物业、业委会共同着手解决这一问题，对居民提出的方案进行了认真的研究和讨论，并再次通过微信小程序征求居民意见。按照大家共同讨论决定的方案对小区西南门进行升级改造。辟出专门的人行通道，实现人车分流，保障行人安全；在车行道中间设置隔离栏，挤占路边乱停车的空间，使进出车辆各行其道；启用车牌自动识别系统，将手动刷卡模式改为自动识别模式，提高车辆通行效率。通过三管齐下，终于使长期困扰居民的道路拥堵问题得到了根治。

第三阶段，X小区建立了社区智囊议事会制度，采取线上线下相结合方式提升居民参与社区治理的广度和深度。随着X小区居民在社区微信群讨论的深入，Z主任感到仅仅在线上交流依旧存在一定局限，一些复杂性比较高的问题，往往需要居委会、物业、业委会多次协商研讨，有些问题还需要派出所、城管、网格化中心等政府职能部门的支持和配合。因此，Z主任开始探索线上线下相结合的议事方式，建立幸福家园议事会。议题来源和决议过程主要在微信群上进行，确保参与的广度和信息公开，而具体的方案设计和优化线下会议完成。X小区居委会工作人员经过与小区居民日常线上线下的接触了解到很多社区居民热心社区公共事务，同时具备一定专业能力，他们有的是律师，有的是教师，还有的是机关干部。Z主任通过个别邀请和公开招募的方式组建了社区智囊团，作为幸福家园议事会线下会议的骨干成员。幸福家园议事会按照需求产生、议题确定、方案论证、表决征询、实施评估“五部曲”工作法，完善议事协商机制，提高社区居民参与决策的质量。例如 2021 年 1 月，X 小区举办了 2021 年年度第一次幸福家园议事会，居民区党支部书记、主任、副主任，业委会全体成员、物业经理及相关主管、智囊团成员等共计 30 余人出席。会上，Z 主任向新一届的智囊团成员颁发聘书。本届智囊团共有 18 人受聘，他们都是小区中的热心业主，既有企业高管也有白领精英，既有在职党员又有退休干部，大部分都是小区业委会成员。会议听取新一届智囊团对于 X 小区社区治理和物业管理工作的意见和建议，并重点就关于修改和完善《X 小区车辆管理方案》讨论稿进行座谈和协商，同时大家围绕小区车辆管理的规章制度、收费标准、硬件设施、外来车辆管理规定等提出各自的看法。大家集思广益，从细节着眼，向深处挖掘，共搜集意见建议 40 余条。会后，社区工作人员将会议记录和达成的共识在 X 小区微信群向全体居民公示。调研中，一位社区智囊团成员提道："我是在外企做法务工作的，当初 X 主任邀请我参与业委会和小区智囊团我欣然答应了。现在社区治理中矛盾和纠纷的解决主要靠协商，但是总有协商不成的时候，就要运用法律武器通过法律途径解决问题，有时候不需要走到这一步，通过向小区居民宣传普法，大家基本都能够在理性和法制的框架内寻找最佳解决方案。能够运用自己的专业为小区尽一份力，我感到也挺高兴的，住在这里就是自己的家园嘛。"

第四阶段，随着社区居民在微信群交流的持续深入，X 小区微治理由居委会引导的居民网络参与开始向线上线下相结合的居民自主参与和自治共治转型。例如，六一儿童节前夕，有小区居民 W 女士建议在小区花园举办儿童跳蚤市场。这一提议迅速得到很多家里有小朋友的居民响应。社区居委会和物业对小区居民自发提出的活动表示大力支持，及时安排了场地并在微信群和公众号做了宣传。不少小区居民主动担任活动的志愿者，与王女士一起策划组织。经过近一周的准备，六一儿童节当天，儿童跳蚤市场活动成功举办。小朋友们交换了彼此的玩具，认识了很多小伙伴，小区内的很多年轻父母也借此机会彼此相识。活动结束后，参加活动的居民又组建了一个 X 小区宝妈宝爸群。王女士和其他几位热心志愿者担当群主，经常分享一些育儿知识和儿童活动信息。又如，X 小区西门马路中间有一段护栏，对小区居民出行造成较多不便。经常有居民跨越护栏到马路对面商家购物。出小区的车辆需要先向北行驶 500 米掉头才能向南面行驶，早晚高峰经常造成拥堵，有时候还会发生车辆剐蹭的现象。有居民在 X 小区微信群提出建议向交通管理部门反映取消护栏并画上人行道。这条建议得到了不少业主的响应，纷纷表示支持。小区的业委会主任在群里发言："护栏问题曾多次向区公安交通管理部门反映，负责人承诺如有小区出口问题，调查核实后将拆除护栏，后经多次催促无果。建议大家通过各种途径向政府有关部门反映，争取尽快得到解决。"一周后，有居民在微信群中将有关部门的反馈结果贴到群里。有关部门经过研究，不同意拆除护栏，主要原因是两个：一是拆除护栏之后会造成车辆行人出现安全隐患；二是其他小区会纷纷效仿。这一反馈在微信群引发了居民的热议，虽然很多居民表示不满甚至愤怒，最终大家达成共识，继续采取合理合法的途径向政府反映。此时，小区居民 L 先生看到了微信群上居民的议论和政府的反馈，作为区政协委员的 L 先生主动与小区居委会和业委会联系，表示愿意通过政协提案的渠道向区相关职能部门反映。业委会以小区全体业主的名义提交了情况说明，L先生以此为基础形成了关于X小区出入口拆除护栏的提案并提交政协会议。不久，区交通管理部门对L先生的提案进行了回复，表示会在调查研究的基础上解决。3个月后，X小区西门的护栏被成功拆除，并在路上画上了人行道线，X小区居民的诉求终于得以实现。

三、X小区社区微治理取得的成效

用“指尖”上的互动，促进“心尖”上的认同。基于移动互联网技术的微信平台成为X小区居民意见表达、公共事务协商、社区事务公开、集思广益解决社区问题的重要载体，居委会、业委会等自治组织和居民的自治权与参与权得到了有效保障。微治理模式还成功吸纳了长期游离于社区事务和社区参与之外的年轻人，充分发挥他们的特长和资源为社区建设和居民自治贡献力量，将一个“陌生人”集聚的社区，渐渐建设成为熟人社会和温馨家园。X小区微治理探究开展两年多来，不仅提升了居民对党支部、居委会、物业、业委会工作的满意度，更激发了居民参与社区治理的热情。一桩桩社区事，在微信群中热议；一个个金点子，在微信群中产生；一个个社区治理中的难题，在大家的群策群力、共同参与下得以圆满解决。通过微治理，居委会加强了与社区居民的联系，业委会成为真正实现了居民利益的代表，物业公司服务质量得到了明显提升，一大批热心社区事务的积极分子和能人在社区自治中发挥了骨干作用，那些曾经早出晚归，不了解社区治理内容，甚至不知道居委会在哪里的年轻白领和宝妈宝爸们开始热心参与社区事务。

X小区社区微治理为社区信息公开与吸纳民意提供了高效便捷

的渠道。传统社区治理模式社区信息发布主要依靠线下张贴通知的形式，了解社情民意则主要依靠社区居委会工作人员上门走访，信息传播与民意收集的范围受到明显局限，很多居民对于社区工作不了解，对居委会人员比较陌生。X小区的社区微治理合理运用微信平台在信息发布和沟通交流方面的优势，极大地扩展了信息发布的覆盖面，确保了居民的知情权。通过社区微信群上广泛征集居民对于社区工作的意见与建议，突破了时间与空间的限制，确保了居民的参与权。

X小区社区微治理为培育社区居民自治共治提供了有效载体。社区治理要充分发挥社区党组织的引领作用和居委会的主导作用，充分动员社区居民参与社区公共事务。然而，只有居民自发的主动参与才是真正意义上的居民自治。传统治理模式下动员式参与在X小区尚难以充分实现，让年轻居民主动参与社区治理更是难上之难。X小区社区微治理利用微信群成功地破解了这一难题，微信群为社区居民主动参与、自治共治提供了有效载体。小区居民通过微信群上的互动和交流，逐步从陌生变为熟悉。小区居民从跟随居委会引导参与社区治理逐步变为自发设定治理议程，动员其他居民响应与参与。通过社区微治理，小区居民的社会资本得到调动和积累，邻里和睦、守望相助的社区氛围逐步形成，居民为主体的社区自治共治取得了显著成效。

X小区社区微治理切实提高了社区居民满意度和认同感。X小区利用微信这一移动互联网时代的社交工具吸纳居民意见、满足居民需求、开展协商自治的社区微治理探索取得了显著成效，提高了居民对社区的认同感和社区治理的满意度。在调研中，被采访的居民中有超过80%关注了社区微信公众号，近半数居民加入了社区微信群，通过微信发布信息、吸纳民意、协商共治的做法得到居民的广泛认可和好评。调研中一位年轻男士讲道：“社区微信群很好很方便，除了大群，我们楼还有小群，有时候车子被堵住了，拍一张照片发到微信群上，车主很快就会下来挪车，车主如果没看到，楼组长或其他邻居看到会告知车主，我感到很方便。”另一位阿姨提道：“小区微信群我加入了，上面会发布一些有用的信息，我还在上面认识了一起唱歌的好姐妹，我们又单独组建了活动群。去年我儿子结婚要买婚房，本来想买一套新房，结婚嘛，总归是新房好一点。但是兜兜转转，我们还是决定把房子买在了我居住的小区。对这个小区有感情了，我们住着很安心，真的不想离开。”

第三节　技术赋权型治理的逻辑

一、“弱政府主导—强居民参与”：技术赋权型治理的基本特征

M镇社区“Yi”平台和X小区社区微治理属于具有弱政府主导性与强居民自治性的技术赋权型城市社区治理智能化模式，这类治理模式的主要目标和作用在于运用技术手段充分发挥社区自治组织在社区治理中自我管理、自我教育、自我服务的作用，促进居民有序参与社区公共事务治理，保障居民的各项民主权利，提高社区居民自治能力和社区服务水平。

首先，M镇社区“Yi”平台和X小区社区微治理具有低政府主

导性。M 镇社区“Yi”平台虽然是由 M 镇政府发起，但是其初衷和目标却不是基于方便政府基层管理的考虑，而是明确提出创新的主题要围绕有序扩大居民参与，关键是社区事务信息公开，根本目标是通过创新提高群众自治共治的能力。在“Yi”平台三期建设中充分吸纳居委会、业委会和业主关于平台使用的感受和意见，始终围绕解决社区自治和居民生活急需解决的问题不断优化升级，社区自治组织和居民才是创新项目的主角。X 小区社区微治理案例中 X 小区建立社区微信群和微信公众号不是源于基层政府的意图和要求，创新的缘起和动因在于新上任的 X 小区居委会 Z 主任积极探索运用互联网和社交媒体技术创新社区治理方式，解决 X 小区矛盾多、治理难度大、居民参与不足的现实问题。在创新实践过程中，X 小区所在的基层政府也没有过多干涉微信群和公众号的运行管理，X 小区居委会、业委会和居民享有了充分的自治空间。总体上看，X 小区社区微治理相对独立于政府行政力量之外，属于 X 小区自主实施的社区治理智能化创新探索。但需要指出的是，两个案例中基层政府虽然没有主导创新过程，但从国家与社会关系的视角来看，创新并不完全依靠社区居民的自发行为和自主行动。在这一过程中社区党组织发挥了重要引导作用，两个创新项目作为社区党建的典型获得了上级党组织的认可和媒体的关注，党建引领下的居民自治是这两个项目鲜明的特点，这种社区治理创新模式一方面保证了党对社区工作方向的把控和引领，另一方面又发挥了居委会在社区自治中的主体作用，最为关键的是切实培育和提高了社区居民参与社区治理的意愿与能力。

其次，M 镇社区“Yi”平台和 X 小区社区微治理具有高居民自治性。“Yi”平台较高的注册率和关注度充分体现了“Yi”平台确实提高了居民对社区公共事务的关注度，调动了社区居民参与社区自治的积极性。“Yi”平台所设置的9大模块与33项功能紧密围绕的是社区自治与居民生活服务相关内容，其最重要的功能业主大会投票与电子表决系统就是为了解决小区业委会选举和自治工作中的重点难点问题。平台使用后业委会选举投票率的明显增长充分证明了“Yi”平台在赋能居民自治方面的确能够发挥积极作用。“Yi”平台信息发布、精准推送等功能大幅度提高了社区信息公开透明程度，保障了居民的知情权。“Yi”平台大调研栏目等版块搭建了一个高效便捷地吸纳居民意见与建议的平台，保障了居民的表达权和参与权。“Yi家人”栏目给社区居民提供了反映社区管理短板和问题的平台，并能够对小区物业的服务效果做出评价，切实保障了居民的监督权。在三期建设中增加的志愿者管理功能有利于加强社区居民自我服务、自我管理能力，有助于营造守望互助的社区氛围。X小区社区微治理源自社区居委会Z主任的创新探索，治理目标聚焦于运用社交媒体提升社区参与和自治水平。在治理过程中作为社区自治组织的居委会的作用得到增强，居民的参与权得到充分保证。社区微信群将长期游离于社区自治之外的年轻居民吸纳进来，发动他们积极对社区工作建言献策、表达诉求。X小区微治理的不同阶段体现了小区居民自治能力和自治水平的逐步增长与升级。项目实施的早期阶段以信息公开、民意吸纳与回应为主要形式的社区网络参与将X小区居民自治的潜力与活力激发，扩大了居民参与的覆盖面和影响力，在这一过程中居委会发挥了重要的引导、组织与协调作用。随着创新实践的深入，线上线下相结合的社区智囊议事会制度的建立将网络参与所营造的虚拟公共领域延伸到现实的治理空间，面对面的交流、对话与协商进一步提升了居民社区参与和自治的深度。在X小区社区微治理的深化阶段，社区居民通过微信群自主议事协商，调动居民个人资源，利用社会资本解决了社区公共问题，这一过程中社区居委会的主导作用让位于社区能人和志愿者，实现了被动参与到主动参与的转型，提升了居民自治共治的质量。

二、技术赋权型治理的行动者网络与转译过程

M镇社区“Yi”平台和X小区社区微治理两个案例所形成的行动者网络同样包括人类行动者与非人类行动者。其中的人类行动者包括基层政府、社区居委会、业委会、物业公司、技术公司等组织和政府公务员、居委会干部、业委会成员、物业公司和技术公司员工等个人。两个案例行动者网络中的非人类行动者主要包括互联网、移动互联网、社交媒体等新一代信息技术以及基于上述技术开发的应用软件，如微信群、微信公众号与小程序等。

M镇社区“Yi”平台和X小区社区微治理两个案例的行动者网络集中体现了党建引领的鲜明特色，因此社区党组织是核心行动者。核心行动者掌控项目的方向和进程，其功能在于确定行动目标，设计项目方案，招募其他行动者并决定利益和资源分配。在M镇社区“Yi”平台案例中，创新的缘起是基层党组织顺应“智慧党建”和“互联网+”智慧社区建设契机所实施的社区治理创新。居委会党组织书记是小区自治、共治的第一负责人，专职副书记担任平台内业委会工作的辅导员并具体负责“Yi”平台各项操作。在X小区社区微治理案例中，社区居委会主任Z女士同时是社区党组织书记，X

小区社区微治理是小区党支部紧紧围绕党员和群众需求所实施的党建特色工作和社区治理创新机制。总之，在这两个案例中，社区党组织居于中心地位，党组织和党员通过发挥引领和带头作用带动其他行动者参与社区治理，提高社区治理效能和自治水平。两个案例中核心行动者之外的其他行动者包括居委会、业委会、小区居民、技术公司和物业公司等。居委会在社区党组织的指导下具体负责创新项目的运营及与业委会、物业公司和居民的沟通协调。业委会则运用“Yi”平台和微信群开展业主大会、业委会选举和业委会日常工作。小区居民在平台上对居委会、业委会、物业的工作以及社区治理各类问题提出了意见与建议，并开展线上线下的沟通、协商与建言。技术公司负责平台的研发、建设、迭代升级与维护。物业公司则对平台上居民反映的情况、提出的意见和建议进行回复并对出现的问题及时整改。两个案例中非人类行动者主要涉及的是互联网、移动互联网、社交媒体和微信平台，这些技术和应用成为社区居民网络参与的重要载体和工具，便于居民突破时间、空间的局限实时参与社区公共事务，为智能化数字化时代的社区治理和居民自治提供了技术基础。

行动者网络理论提出的转译过程包括问题化、利益赋予、招募与动员等4个环节。问题化环节的任务是识别需要解决的主要问题并由核心行动者确定所有行动者的共同目标，在行动者网络理论中称为强制通过点。在两个技术赋权型案例中，作为核心行动者的社区党组织实施社区治理智能化创新探索背景和动因在于传统治理模式下难以解决社区治理难题。这些问题首先表现在社区居民对社区的认同度不高，对社区事务关注和参与不足。M镇社区和X小区都位于超大城市城乡接合部，社区内大多数年轻居民对社区事务不关心也不了解。如何调动居民特别是年轻居民参与社区治理成为一大难题。此外，小区业委会运作不规范、程序不透明，物业公司不作为、服务质量低等也是两个案例中反映的社区治理突出问题和矛盾。作为核心行动者的社区党组织设置的强制通过点是运用信息技术激发居民参与社区公共事务的热情与动能，通过社区自治与共治解决当前社区治理中面对的难题，提高居民的满意度和对社区的认同感。利益赋予环节要明确社区治理智能化创新对各类行动者可能带来的潜在利益。对于核心行动者社区党组织来说，M镇社区“Yi”平台和X小区社区微治理的价值在于可以成为党建引领社区治理的创新探索。对于社区居委会、业委会等自治组织来说，项目实施改变了传统社区治理模式，如能借此切实调动社区居民参与社区公共事务的热情、提高参与能力、解决长期以来社区治理面临的难题，则可以彰显居委会、业委会在推进社区自治方面的成效，减轻工作压力和负担，同时能够得到居民的认可与满意。对于社区居民来说，项目的开展为社区居民表达自身诉求提供了有效的载体，社区信息公开和网络参与有助于其享受更高水平的社区服务，提高对社区的认同感和归属感。对于小区物业企业来说，借助网络平台可以增加其对居民诉求和社区管理问题的回应，有利于提高和改善自身的服务质量，赢得社区居民的满意。招募和动员环节中核心行动者通过加强宣传与积极倡导成功地吸引了其他行动者进入社区治理智能化创新项目所形成的行动网络。在动员过程中，社区党组织充分发挥了党建引领和党员示范的作用，首先将社区党员招募至平台，通过党员亮身份的方式引导和带动业委会成员、楼组长、志愿者等社区骨干成员及普通居民的加入。随着 M 镇社区“Yi”平台和 X 小区社区微信群影响力的增强，基于社交媒体平台的行动者网络和规模不断扩大，核心行动者完成了转译过程。

三、技术赋权型治理面临的困境与挑战

技术赋权型城市社区治理智能化实践运用信息技术促进居民参与社区公共事务，保障了居民的各项民主权利，但是实践中依旧面临诸多问题与挑战，集中表现在三个方面：

一是居民参与的代表性失衡。信息技术平台为居民网络参与提供了便捷的渠道，扩大了参与的广度和幅度。M 镇“Yi”平台和 X 小区社区微信群虽然能够吸纳广大居民的关注和加入，但是真正能够积极主动利用平台发声、参与讨论和建言献策的居民却为数不多。大多数居民在平台上长期“潜水”扮演看客。这样造成大多数居民的意见和诉求无法表达和被吸纳，平台上反映的民意难以代表全部或者大多数居民的真实意见。传播学上所谓的“沉默的螺旋”① 效应开始显现。一少部分活跃分子主导了网络平台上的讨论议题和方向，他们的意见容易得到响应和支持，形成压倒性意见。当有个别不同的声音发出，其赞成者往往选择了沉默，此类声音便很快淹没在那些所谓的主流意见之中。长此以往、循环往复，强势一方的意见会越发强大，沉默的大多数居民被少数积极分子所代表，平台上反映的意见和诉求有可能偏离了大多数居民的真实想法。此外，数字鸿沟的存在对社区中弱势群体网络参与造成影响。一些老年人和

① 谢新洲．“沉默的螺旋”假说在互联网环境下的实证研究［J］．现代传播，2003（6）：17-22.

残障人士对于使用智能手机和微信、App 等软件存在一定困难，而他们是社区帮扶的主要对象，将网络平台作为信息发布和民意吸纳的主渠道容易忽视这部分弱势群体的诉求和权益，造成社区公共服务供给的不公平。

二是创新实践制度化与持续性存疑。M 镇“Yi”平台和 X 小区社区微治理当前取得了较好的成效，但是作为一项社区治理创新探索，创新持续性是决定其自身价值和能否被推广复制的关键。要实现创新的持续发展，就要将创新实践的做法和经验以制度的形式固化。然而，当前无论是 M 镇“Yi”平台还是 X 小区社区微治理尚没有形成相应的制度体系，信息发布、民意征集和网络协商过程中的很多做法也比较随意。创新项目的未来发展和效果因此存在一定不确定性。对于 M 镇“Yi”平台案例来说，经过三期的建设，平台的功能和运营方式已经相对成熟与稳定，以业主大会网络投票与表决为代表的创新做法急需建立一套系统完整的制度规范和管理机制，一方面使 M 镇的创新实验进一步完善和定型，巩固取得的治理成效，另一方面能够尽快形成一套系统的可复制可推广经验，供其他地区学习借鉴。而对于 X 小区社区微治理案例，创新的持续性不足是当前面临的最大风险。原因在于社区微治理项目的关键行动主体是社区党组织和居委会，特别是 Z 主任个人在全过程中起了极其重要的作用。当前，X 小区社区微治理创新急需建立相应的制度安排确保创新的可延续性，避免落入人走政息的陷阱。

三是居民网络参与的秩序和理性不足。M 镇“Yi”平台和 X 小区社区微治理的显著特点是激发了居民自发参与社区事务治理和表达自身诉求的热情与积极性，但在这一过程中由于网络平台信息发布的特点和缺少完善的引导与规范机制，居民网络参与的秩序和理性存在一定不足。在对两个平台的观察过程中我们发现，有些居民在平台上发布一些与社区公共事务无关的信息，如生活用品交易、房屋出租信息、网络投票或征集点赞等，甚至还有个别居民频繁发布广告或刷屏。对于此类行为，目前尚缺少行之有效的管理机制，社区工作人员只能对发布者进行劝阻和提醒，治理效果不明显。此外，一些涉及邻里纠纷的投诉和问题在网上公开后容易造成非理性参与，严重的情况下会激化居民之间的矛盾。如有居民在微信群反映邻居夜间扰民、高空抛物、楼道吸烟等行为后，被投诉业主在群内不断进行反驳和辩解，双方发言过程中均存在情绪化表达和语言暴力的现象，还有些居民在群内与其他居民发生矛盾和争执后选择退出微信群。此类行为不仅严重扰乱了居民网络参与的秩序，激化了涉事各方矛盾，对于邻里和谐造成不利影响，还会引发居民对网络参与平台的质疑甚至反感，浇灭居民反映社区治理问题、参与社区公共事务讨论的热情和积极性。

第六章　强政府主导—强居民自治的增能赋权型治理

第一节　X区“掌上云社区”案例

一、案例概述

X区地处N市主城的北部，区域总面积395.44平方千米，城乡二元结构突出，下辖城市社区和乡村社区9个街道119个居（村）委会。目前有户籍人口约54万人，高校师生、企业职工等流动人口20多万人，居民结构复杂、需求多样。近年来，X区快速的城市化进程、大体量拆迁改造、大规模的产业转型升级以及大范围的基础设施建设带来的社会治理任务十分繁重，传统的社会治理方式难以为继。特别是在社区工作层面，社区人手和精力严重不足，传统的工作方式难以得到居民的支持和配合，无助于解决实际问题。2016年，X区党委政府转变思维，针对X区在城市化快速推进过程中面临的经济社会发展不平衡等实际问题探索建立互联网时代的智能化社区治理平台——“掌上云社区”。

“掌上云社区”由社区党组织主导，协同居委会、社区居民、驻区单位、物业和社会组织等多元主体参与，依托微信群、微信公众号、小程序等互联网平台，运用区块链、人工智能、大数据、云计算等现代信息技术，在线治理社区事务，并与线下网格融合，实现社区层面政府、社会、居民的协同共治。从 2016 年启动至今，“掌上云社区”经过“规模化战略”（1.0 版）、“智能化+大数据战略”（2.0 版）和“一体两翼战略”（3.0 版）三个阶段的发展，不断升级优化、持续深耕。目前“掌上云社区”已实现全区 126 个社区的全覆盖，建立微信群 1248 个，入群人数达 24.8 万人，占户籍人口比例超过 40%，平均每户家庭都有一位家庭成员入群。“掌上云社区”包括党建云社区、信息交流、智能回复、“不见面”服务、工单流转、协商议事、多群管理和大数据分析等 8 大功能模块，微信群中嵌入智能社工机器人“小栖”，以“小栖”为前台客服，前台优化为民服务，后台自动生成社情民意大数据报告，为提高社区管理服务能力和决策水平提供数据支撑。“掌上云社区”打破了传统社区治理的时空限制和信息不对称瓶颈，通过“政民零距离，党群齐在线”的创新服务方式，重构服务“界面”，建立起全天候、协作式服务体系，在解决一个个诉求、办好一件件实事中推动社区治理效能提升。X 区“掌上云社区”运营至今，受理线上群众诉求近 12 万起，发挥了凝聚共识、满足需求、协商共治的重要作用，形成社区“智治+自治”新模式的常态化，促进城市社区治理智能化水平迈向新台阶。

二、X 区“掌上云社区”主要做法与特色

（一）“云党建”强化社区治理红色引领

X 区“掌上云社区”平台设置“党建云社区”版块，实现综合资讯发布、党群互动交流、志愿服务行动、民主协商议事等功能。每半年一次汇编发布党组织依托“党建云社区”联系服务党员群众、破解民生难题的优秀案例，创设“党建云社区”主题党日，组建社区（村）“党建云社区”行动微支部并实现动态全覆盖。建立云社区党员日志机制，作为年底民主评议党员的重要内容。定期梳理群众心愿诉求，实施“党群心愿”领办，推行重点为民办事资金项目“掌上纪实”。通过“党建云社区”征集意向、讨论确定，并公示项目方案、推进情况和完成结果。制作发布“党群服务云地图”，开通“党员说”线上直播间，开展“初心向党·答题闯关”接力竞赛活动，组织拍摄“掌红”系列党群故事等，让党的旗帜始终飘扬在基层治理的最前沿。“掌上云社区”平台的“云党建”以四个“推动”实现四个“更加”：推动社区（村）党组织在“党建云社区”引领服务，领导核心地位更加稳固；推动党员在“党建云社区”发挥作用，先锋模范形象更加突出；推动资源在“党建云社区”精准对接，联系服务群众更加有效；推动党群在“党建云社区”协同共治，区域共建共享更加融合。

（二）“云服务”增加社区居民获得感

X 区“掌上云社区”依托微信群建立，但其并非单纯的微信群，

而是集成了强大的社区服务功能。“掌上云社区”微信群中嵌入智能社工机器人“小栖”，通过 IP 形象打造，赋予它党员的身份和全科社工的职能。以“小栖”为“前台客服”，实现 5200 项事项“小栖”智能在线回复，同时后台链接全区大数据中心，提供“不见面审批”事项达 590 多条。研发“掌上云之家”小程序，开辟栖财惠民、掌上残联等线上窗口，织密“掌上云社区”便民服务网。对居民而言，只要入群，足不出户即可与党委政府、社会组织、其他居民线上“共在”，通过“键对键”真正实现了“面对面”，通过需求及时沟通、事务在线共商、办事“一键搞定”，“掌上云社区”服务居民精准灵活。新冠肺炎疫情防控期间，针对区内部分地区农户农产品滞销问题，“掌上云社区”秒变“云菜篮”，通过群内接力、多方转发等方式，区内外居民、单位纷纷爱心采购，最高日销量近 6 万斤（1 斤等于 500 克），解决了农户的燃眉之急。对社区工作者而言，运用“掌上云社区”在线处理社区事务，能够更高效整合社区资源、化解社区矛盾，服务居民从单向度的“自说自话”转变为互动式的“众人拾柴”，群众满意度更高。对政府而言，“掌上云社区”在后台自动生成物业服务、环境卫生、医疗教育等 10 类社情民意“数据库”，为提高治理能力和服务水平提供数据支撑。依托“掌上云社区”大数据系统，基层政府能够精准获取海量真实的社情民意，做到用数据研判、凭数据决策，依数据处置的工作闭环机制，使公共服务更精准，使民意反馈更有力。“掌上云社区”的运行切实提高了居民的获得感，赢得了居民的广泛认可。调查显示，X 区居民认同社区党组织和居委会的比例由 52.3%上升为 62.4%。在 N 市民生幸福建设群众满意度测评中，X 区“社区（村）服务管理满意度”指标位列全市第一。

（三）“云协商”构筑社区共治新模式

“掌上云社区”平台通过多种形式的在线协商实现自治共治，优化社区治理效能。一是社区居委会主导的在线协商。社区居委会作为社区线上平台的“群主”，能够做到24小时在线服务，回应群众零延时。社区有需要居民投票决议参与的事件时，居委会工作人员会制作相关链接发送到微信群让居民参加并根据票数做出决策。通过持续良性运营社区微信群，吸引居民广泛参与在线协商社区公共事务，居民对社区的认可度与归属感不断提升，社区居委会组织力号召力不断增强。例如，X区G小区居民在“掌上云社区”群内反映乘坐公交难、出行极不方便。社区居委会发现这一需求后，积极牵头征询辖区内居民意见，多次组织居民议事，街道、社区、公交公司等多方开会协调、现场选点，共同解决了居民出行难问题。“掌上云社区”从运行以来线上收集居民意见建议8000余条，全区组织在线协商年均超过1500次，众多涉及不同利益主体的事项通过协商逐步化解。二是居民自主在线协商。通过参与“掌上云社区”平台在线协商，社区居民相互之间增进了了解和信任，逐步激发了对身边社区公共事务进行线上、线下讨论并提出意见和建议的热情和积极性。在协商交流的过程中，居民意见分歧逐步弥合，共识得以形成。“掌上云社区”有效破解了长期以来社区治理“弱参与”难题。三是突发事件发生后的应急协商。当社区遭遇突发事件时，“掌上云社区”能够在线实时公布事件进展、寻找事发原因、迅速展开协商，形成最佳应对策略、做好后续处置。例如，M街道C社区有居民在

“掌上云社区”反映所住楼栋楼梯间发现4桶不明液体并散发异味，恐有安全隐患，并将现场图片上传群内。社区工作人员、片区民警、小区物业人员立即开展线上协商，并在第一时间赶往现场处置。社工与物业人员迅速将其转移，第一时间解决了突发安全隐患，社区居民纷纷在群里点赞。

（四）“云赋能”增添社区治理原动力

2020年，X区进一步完善“掌上云社区”功能，以为社区治理主体“赋能”为核心，以提高居民自治水平为目标，以突破传统治理中难题为抓手，开展课程培训体系研发、打造多元学习平台，建立“掌上云社区学院”，加强对社区党员干部、社区工作者、社区社会组织和居民的技能素质培训，扎实为社区治理赋能。一是提升社区党员干部服务能力。面向社区党员干部，有针对性地开设社区党建引领、基层政权建设与社区治理专业能力、民事调解、社区信息管理、民生政策落实、心理健康教育等全方位课程，并结合区块链建立线上线下学习积分兑换机制，不断增强信息化时代利用线上工具更好联系群众、处置问题的本领和线下处理社区治理具体问题的能力，确保社区这一国家基层治理的“主阵地”发挥最强效能。二是增强社会组织的协同能力。加强社会组织参与社区治理的嵌入式合作，弥补社区专业人才、专业组织缺乏的短板。例如，积极引导社会组织参与“社区微幸福”项目。近两年来，以社区为主体、社会组织协同参与共完成“社区微幸福”项目103个，覆盖120个社区。所有项目从筛选、申报、立项、实施、监管到验收全流程在“掌上云社区”公示，形成了一个项目带动、造福一片群众的良性循环。三是培养社区居民自治和参与社区治理的能力。利用“掌上云社区”平台加大对社区居民骨干的技能培训，增设社区公共安全、社区公共卫生、社区突发事件预防等主题的课程培训，让居民有热情、有能力参与社区自治。四是建立考核新机制，联合组织部、行政审批局将党建引领、在线办事、入群规模、季度群日活跃度、群内实名制比例等作为“掌上云社区”日常运营的考核依据，凝聚起协同推进社区治理智能化的强大动力。

三、X区“掌上云社区”取得的成效

X区“掌上云社区”作为新时代满足人民群众对美好生活向往的一项改革探索，构建了一个党组织、政府与群众之间畅通的沟通渠道，建立起党建引领多元主体共治的运行空间和问题快速反应处理机制，贯彻了广泛动员群众、依靠群众的工作理念，线上策划宣传凝聚居民智慧力量，线下依托网格系统限期回应落地，为在线治理社区事务、整合社区资源、化解社区矛盾提供了一个有力的工作平台。运行几年来，“掌上云社区”取得了良好成效，获得了广泛认可和赞誉。这主要体现在建立了紧密联系人民群众的渠道，改善了党和政府为人民服务的能力和形象；全面提高了社区治理的能力，提升了社区治理的响应度、精准性和有效性；激活了社区居民参与公共事务的热情，增强了社区居民的幸福感和获得感。X区“掌上云社区”荣获首届长三角城市治理最佳实践案例奖和首届“中国城市治理创新奖”优胜奖，成功入选“中国样本——改革开放40周年经典案例”。

“掌上云社区”密切了党群干群关系。“掌上云社区”打破了党

群干群间的时空隔阂，实现了“互联网+群众路线”的有效融合，线上及时发出组织声音，线下切实强化服务质量，线上线下协调联动，党的领导力和基层组织力在社区治理中得到有效贯彻。目前，X区60周岁以下党员入群率达89%，实现全部在线亮身份，充分发挥党员先锋模范作用，接受群众监督。开展线上党建活动2000多场，参与人数超过30万人次。

“掌上云社区”提升了社区服务精准化。运用“互联网”思维，“掌上云社区”打破了传统基层服务的时空限制和信息不对称瓶颈，通过创新服务方式、重构服务界面，建立起全天候、协作式服务体系，推动社区各项服务质量提升。社区居委会在“掌上云社区”平台及时发布社区事务办理、就业政策指导、岗位招聘、文化体育活动等各类政务服务信息。根据居民在“掌上云社区”平台上的反馈，社区成功解决小区毁绿种菜、楼道灯损坏、下水道堵塞满溢等问题。针对大数据分析连续位居第一的物业服务问题，“掌上云社区”增设物业管理模块，包括小区停车、电梯管理、物业报修、环境卫生等7个子模块，畅通居民物业诉求渠道，加强物业管理监管力度。

“掌上云社区”优化社区治理资源配置。通过线上平台与线下网格深度融合，“掌上云社区”实现了对基层治理主体的赋能增效。为了进一步拓展“掌上云社区”功能，整合全区更多部门资源和信息的融入，X区充实和完善了安全生产、综合执法、环境保护、虚拟养老等涉及多行业、多部门领域的“小栖”知识库，打破信息壁垒，注重线上服务实效，促进部门之间数据互联互通，推动多部门积极作为、融合协作，“掌上云社区”政务办公功能得到切实增强。X区以“掌上云社区”为载体开展“美好生活共同营造”社区微幸福行动，整合全区近千万元专项项目和公益创投资金，激发公众参与热情，实施落地社区微幸福项目 52 个，整合近百家专业社会组织和公益社团的力量，引导居民从被动参与转变为主动参与社区建设，发挥多元社会力量助力基层治理，使各方面社会资源得到最有效配置和合理利用。

“掌上云社区”激发了居民参与社区治理的热情。“掌上云社区”通过在线沟通、互动回应等方式应对和处理社区公共事务，将以往没有时间参与社区活动的中青年群体纳入进来，将门对门都互不认识的邻里拉了进来，将拥有不同才华但互不知晓的居民请了进来。扁平化、共在式的治理结构拉近了社区与居民的距离，使治理主体不再缺位。居民在线互动交流热情日益高涨，日均产生有效信息 1 万余条，月度 35 万余条，搭建起了社区参与、协同共治的平台，并有效汇聚起各类治理要素，为推进社区协商提供了可行路径，促进了社会治理参与力量的自我生长，社区居民参与的氛围和自治共治的活力日益浓厚。

“掌上云社区”构筑了社区居民的精神家园。“掌上云社区”为居民之间信息分享、居民与社区之间互动交流、居民与基层政府沟通反馈搭建了高效便捷的桥梁。通过零距离沟通方式，方便了居民们办事，提高了服务效率，促使居民共同参与社区管理，形成了社区和居民之间从陌生人到熟人、从熟人到家人、从家人到主人的转变。在社区中逐步形成了熟人共同体，增强了社区居民对社区的归属感，营造了邻里守望相助的社区氛围，打造了一座和谐融洽的精神家园。

第二节 B区“社区通”案例

一、案例概述

B区位于超大城市S市北部，全境区域总面积365.3平方千米，其中陆域总面积302.3平方千米，下辖12个街镇，400个居委会，常住人口总数为204.43万人，其中外来常住人口83.78万人，人口总量规模较大，外来流动人口比例高。B区社会治理主体、对象、内容复杂多变，传统基层社会治理模式难以适应新时代发展需要。近年来，B区基层社会治理主要面临三方面挑战。一是要解决基层党组织如何发挥作用的问题。居村党组织往往做了大量工作，但许多群众“不知情”乃至“不领情”，需要探索新的载体和途径，让群众随时随地“看得见、找得到、叫得应”。二是要解决资源力量和群众需求如何精准对接的问题。新时代人民群众对美好生活提出新需求，需要探索新的治理模式，提供“因地制宜、精细精准”的服务。三是要解决社会治理如何广泛参与的问题。居村民在基层治理中的“主体”意识和实现途径还需强化，社区自治共治参与不够，社区生活共同体有待形成。需要搭建有效平台，拓展参与面和参与深度，增强共同价值引领的归属感和家园意识。

互联网、大数据、云计算、人工智能等新一代信息技术的快速发展，倒逼社会治理模式的变革，也为转变传统治理方式提供了无限可能和巨大空间。2017年以来，S市B区以改革思维破解基层治理堵点难点，运用移动互联网、大数据等新一代信息技术，探索建立了以党建为引领、以移动互联网为载体、以居村党组织为核心、以居村委为主导、以城乡居民为主体、以有效凝聚精准服务为特点的智能化治理系统——“社区通”，创新了党建引领基层社会治理模式，夯实了新时代党治国理政的微观基础。2017 年创立至今，全区 456 个居委会、103 个村全部上线，65 万名居村民实名加入，覆盖 49 万余户家庭，6.1 万余党员在线上亮身份，成为目前国内由党和政府主导、区域内覆盖率最广、活跃度最高的网络共同体，也成为信息速递的窗口、思想教育的阵地、为民服务的平台、“四治”一体的家园，入选全国城市基层党建创新最佳案例、首批 20 个全国乡村治理典型案例，获评 2018 年中国网络理政十大创新案例、改革开放 40 周年 S 市思想政治工作创新成果优秀品牌，并被《人民日报》、央视《新闻联播》等国内知名主流媒体报道。

二、B 区“社区通”的主要特色

（一）群众路线智慧党建，增强基层党组织的政治和服务功能

互联网时代，基层党组织不能也不必仅仅依靠“敲百家门”“挂黑板报”等传统方式宣传动员和引领群众。B 区依托“社区通”，网上、网下践行群众路线，基层组织力持续强化。

一是党建连上网。“社区通”由居村党组织全过程管理运行，在线直播党的工作，传递党的声音，全天候凝聚服务群众，宣传发动群众支持和参与中心工作，共开展“说说我身边的共产党员”“党员认领微心愿”等党建活动 5000 余场、党建项目 900 余个。全区

100%的居村党组织、89%的居村委在“社区通”同步推进换届，全程公开、接受监督，更好地保障党员群众的“知情权、表达权、参与权、监督权”。全区居村党组织依托“社区通”广泛开展“不忘初心、牢记使命”主题教育，共发布主题帖7121个，阅读21万余人次，点赞16万人次，评论7万人次。

二是书记当“群主”。在“社区通”上，居村书记承担“第一责任”，成为引导各方的“群主”；居村“两委”分工负责、轮班在线，对群众提出的各类诉求及时回应处置。在“全天候、零距离”的联系服务中，党组织凝聚力、号召力不断增强，真正实现“一呼百应”。

三是党员为中坚。“社区通”里，用户名后飘着的小党旗，是党员亮身份的标志。在党组织带领下，6.1万余名党员亮身份、起作用、受监督，带头整治环境、帮扶困难群众等先进事迹广为传播，先锋模范形象深入人心，居村民随拍随传、点赞认可，“双报到、双报告”得到积极推进和鲜活展示。

四是“铁粉”作引导。党组织掌控“提出议题”“形成决策”等关键环节的把关权，牢牢占领网络意识形态的主导地位。每个小区都建立党团员为骨干的志愿者队伍，成为党组织的有力助手、忠实“铁粉”，发声音、作引导，让社区充满正能量。全区志愿者队伍从“社区通”上线之初的21万人上升到目前的38.7万人，增长84.3%。

五是群众受教育。注重引导而非教导，在参与公共事务、共同讨论协商中，居村民理性、平和、文明、友爱的素养得到了很好养成，公益互助的氛围日益浓厚，在线公益置换物品2.5万余件。

（二）需求导向智慧治理，完善基层社区治理体系

基层社区治理中，各工作系统之间联通互融不够，群众需求的导向还未完全聚焦，是长期存在又难以解决的问题。B 区依托“社区通”，以群众需求和问题为工作的逻辑起点，以加强基层党建为贯穿始终的一条红线，健全“眼睛向下、重心下移、资源下沉”的工作体系，群众诉求的处置和回应能力得到有效提升。

一是治理重心下移居村。建立“居村民—居村—街镇—区”社区治理架构，各居村形成小治理单元，设独立二维码，居村民实名认证、党组织审核通过后成为用户；街镇构成基层大治理单元，全区形成完整工作系统。制定“社区通”的《实施意见》《工作规范》《指导手册》等，明确区、街镇、居村三级职责。区、街镇各部门加入后台提供支撑，民警、物业、业委、医生、律师等资源在居村层面整合，需求在一线提出，资源在一线集聚，服务在一线配送，问题在一线处置，治理重心真正从“街镇”下沉到“居村”。

二是互动方式发生改变。打造“移动互联”工作载体，设立党建园地、社区公告、议事厅、物业之窗、业委连线、警民直通车、家庭医生、公共法律服务等功能版块，专门开设了针对村委的“村务公开”“乡愁乡音”版块。建立一键直达、精准快速的信息传递机制，居村民成为信息发布的主体之一，群众与党和政府之间的互动沟通从“单向”“模糊”转为“多维”“清晰”。累计发布社区公告 39 万篇，互动交流 1 亿余次，群众点赞 2600 万余次。2018 年年初，在“社区通”上开通“大调研”版块，共收集意见建议 4580 条，其中城市发展方面 2423 条，平安建设方面

1031 条，社会发展方面 797 条，党的建设方面 247 条，经济发展方面 82 条。

三是基层脉搏精准把握。在“社区通”背后，B 区建立起“社区通治慧中心”，对社区参与大数据深度分析，描绘基层社区画像，形成不同类型社区群众需求对比分析。发布不同人群、街镇、阶段的需求 TOP10 列表，根据群众共性需求提供精准服务。以大数据模型及时发现群众“痛点”、民生“堵点”，并给出工作提示。例如，针对不同群体需求，联合区相关部门试点推进篮球赛、舞蹈节、有奖答题、采摘节等公共服务活动上线。建立大数据模型，实时发现群众“痛点”、民生“堵点”，对社区舆情苗头实时预警，给出工作提示，实现精准治理。

四是群众问题快速处置。建立“自动收集、分层处置、全程记录、结果反馈”的问题跟踪系统，群众问题在 15 小时内予以回应处置，处置情况纳入考核。建立问题分层分类处置闭环，超出居村自治共治范畴的社区问题，进入区网格化平台派单解决。例如，有居民在“社区通”发帖批评广场有人私自种菜毁绿，社区党总支书记第一时间回复，并与城管中队、街道网格化中心、物业公司联系，第二天，损坏的绿化带便恢复原貌。有居民在“社区通”呼吁调整 20 路公交车的时间，解决出行难题。两周后，20 路新班次开通。“社区通”上线以来共及时回应解决群众问题 8.2 万余个，其中 90% 在居村有效解决。

五是智慧治理融合联动。与 110 接处警平台、网格化系统、“一网统管”平台等智能对接，提高发现和处置问题的精准度。例如，通过对接实现非警务类 110 警情及时有效分流，去年 10 月以来有效分流处置 6122 起，让房屋漏水、开锁求助等问题在社区快速解决和反馈。

（三）“四治一体”广泛参与，深化党领导下的社区自治

基层社区治理中一个突出问题，是社区活动中“老面孔”多、新人少，老人多、年轻人少，一般性的活动多、自治共治项目少。依托“社区通”，B 区一体推进党建引领下的“自治共治德治法治”，积极打造社区共同体。

一是切实改变参与结构。依托“社区通”，社区参与从“少”到“多”，从“老”到“青”，从“被动”到“主动”，从“浅尝辄止”到“深度介入”。大量年轻“上班族”参与到社区治理中，50 岁以下群体上线占比达 60%。社会组织、社区自组织在线开设公益服务“店铺”612 家，“全方位”征求居民意见，“量身式”设计服务项目，“点对点”推送服务信息，“全过程”引导居民参与，服务效应不断扩大。

二是“自下而上”议事协商。建立“提出议题—把关筛选—开展协商—形成项目—推动实施—效果评估—建立公约”的议事协商操作链，让自下而上提出议题、形成项目、订立公约成为新常态。共有 12 万余名居村民参与协商，产生议题 2.4 万余个，形成公约和项目 2400 余个。例如，各街镇依托“议事厅”版块，发动居村民就如何有效开展垃圾分类进行讨论，共产生“调整小区垃圾分类时间”“是否需要安装洗手池”等议题 576 个，有效引导居村民践行垃圾分类新理念。又如，G 小区有一块 300 平方米左右的空地，由于一直无人打理，荒草丛生。居民在“社区通”上建议把这片荒地开辟成

居民种花种菜、聚会闲聊的休闲场所。这一建议得到很多居民响应，小区居民中的专业人士设计了三种方案，经过在“社区通”上500多位居民参与讨论投票，选定了最佳方案，打造了一片休闲种花种菜一体的绿色家园。

三是持续打造社区共同体。“社区通”建立真实的“线上社区”，确保上线的是“真正的邻居们”，讨论的是“真切的社区事”，传播的是“社会的正能量”。通过邻里互助、爱心传递，居民资源、邻里资源成为社区资源，独居老人有了定期看护，走失的老人和孩童快速找到家人；通过信息共享、对话协商，家园意识深入人心，居村民逐渐从“门对门陌生人”变成“社区里老熟人”，社区“温度”持续提升。

三、B区“社区通”取得的成效

“社区通”充分发挥居村党组织贯彻党的决定、领导基层治理、团结动员群众、推动改革发展的积极作用，通过广度的信息聚合、深度的数据挖掘、扁平的网络传递，打通了基层社区治理的前端和后台，促使了治理重心下移到“居村”，在居村一线构建了党建引领共建共治共享的社区治理格局。“社区通”实现了信息通、资源通、邻里通和服务通，收集了社区层面个性共性的各类需求，通过党政部门的层级联动，区域单位的横向合作，社区自有资源的有效挖掘，解决了社区治理的各类问题，打通了服务群众的“最后一百米”。“社区通”营造了居民参与社区治理的良好氛围，通过党员和志愿者“铁粉”的引导，解决了社区治理中网络参与的积极性、有效性问题和持续性问题，促成了一系列社区公约、社区规划的出台，推动了居民有序参与社区公共事务常态化发展。“社区通”已经成为 B 区社情民意显示器、问题解决推进器、基层组织力放大器，给 B 区基层社区建设带来深刻改变。

连通党心民心，基层组织力持续强化。“社区通”把党的建设渗透到基层治理的各方面、各领域，实现了群众导向的即时化、扁平化、智能化治理，畅通了党和政府与群众之间的互动沟通，让党和政府惠民政策群众知晓，中心工作群众参与，发展成果群众共享；让群众的诉求第一时间被倾听、被回应、被解决。在互动沟通、有效服务的过程中，党组织、党员和群众的心声交织在一起，逐渐从“你和我”变成“我们”，基层党组织的战斗力、凝聚力、号召力不断增强。

连通需求供给，社区服务更加精准。由于信息不对称，以往大量群众需求被遗漏或屏蔽。“社区通”与多个信息系统进行智能对接，建立高效的问题分层分类处置闭环，通过技术和制度手段，确保“民有所呼、我有所应”。改变以往群众工作靠经验的传统做法，“社区通治慧中心”深入采集、挖掘、分析、共享社区数据，及时掌握社区共性问题，适时调整治理服务方式内容，让群众需求和社区资源精准对接。例如，针对数据显示居民热议的“加装电梯”问题，各街镇引导居民提出诉求、协商讨论，促进居民达成共识，形成不同社区的个性化方案，让群众需求和政府资源精准对接，已完成电梯加装立项 40 台，其中 8 台已竣工。又如，针对家庭医生签约率不高的问题，“社区通”上线家庭医生服务平台，居民不出门就能配到自己平常吃的药，家庭医生也可以通过国药库平台为居民订购后再通过快递的方式直接送货上门。新冠肺炎疫情防控中，B 区借助

“社区通”这一运作成熟的智能化治理系统，快速推出“口罩线上预约登记”等功能，充分发挥了“不见面”“很精准”“组织化”“很方便”“易管理”“实时化”等优势，真正成为助力基层社区共抗疫情的工作利器。

连通多元主体，基层治理体系进一步完善。依托“社区通”，以居村党组织为领导核心，居村委为主导，居村民为主体，相关单位共同参与的基层治理体系进一步健全完善、发挥作用，社区自有资源最大限度被挖掘，公共服务资源真正沉到基层。居村党组织和居村委会协调各方有了抓手，一些长期困扰基层的问题开始破冰，一批好的经验做法在全区得到推广。例如，B 区 M 小区业主来自全国各地，多为受教育程度高的年轻人，对居民区自治共治要求较高，但业委会组建工作一直面临困境，业主认为组建工作不透明，意见分歧严重。“社区通”平台上线后，M 小区业委会组建工作再次启动，组建意义、相关政策、工作流程、候选人情况等信息全程通过“社区通”发布，获得了业主们的信任和支持，业委会顺利组建。借鉴 M 小区的做法，B 区一批居民区正通过“社区通”推进业委会换届工作。通过“社区通”居民区党组织对“三驾马车”的引领进一步做实，通过引导物业公司、业委会在线直播工作、提供服务，让物业、业委会和居民从“背对背”转为“面对面”，物业服务水平有效提升，“社区通”凝聚起多方力量将社区里的疑难杂症高效解决。

第三节 增能赋权型治理的逻辑

一、“强政府主导—强居民自治”：增能赋权型治理的基本特征

N市X区“掌上云社区”案例和S市B区“社区通”案例属于具有强政府主导性与强居民自治性的增能赋权型城市社区治理智能化模式，这类治理模式的主要目标和作用在于运用新一代信息技术的同时发挥了党和政府在基层社区治理中的主导作用和社区自治组织在社区治理中自我管理、自我教育、自我服务的基础性作用，既能够切实增强基层政府社区管理与服务能力，又可以有效促进居民有序参与社区公共事务治理，保障居民的各项民主权利。

首先，X区“掌上云社区”案例和B区“社区通”案例具有高政府主导性。从项目的背景和缘起来看，X区“掌上云社区”和B区“社区通”均是地方党委政府面对新的时代背景下城市发展和基层社会治理面临的挑战与困境进而做出的创新探索，充分体现了地方政府顺应时代发展潮流，运用新一代信息技术变革传统社区治理方式、手段和机制的创新思维与主动作为。从项目的设计与实施过程看，基层政府进行了周密的顶层设计，分阶段、分步骤持续推进创新项目，政府主要领导把握工作方向，各个职能部门积极配合、高效提供资源保障。X区“掌上云社区”启动至今发展经历了“规模化战略”（1.0版）、“智能化+大数据战略”（2.0版）和“一体两翼战略”（3.0版）三个阶段，X区政府根据项目运营效果和实际工

作需要不断完善系统功能，实现迭代升级。B 区“社区通”制定了《实施意见》《工作规范》《指导手册》等制度规范，确保自上而下、由点及面、系统性、有序化地推进工作，村居书记承担第一责任，村居“两委”分工负责，借助“社区通”平台实现治理重心从街镇下沉到村居。从项目的功能与内容看，X 区“掌上云社区”和 B 区“社区通”将切实优化和完善社区治理体系和治理能力作为创新的着眼点，实现了对政府基层治理模式的重塑。“掌上云社区”前台通过“云服务”集成了移动政务服务功能，提供 5200 项事项在线回复和 590 多条不见面审批，提升居民获得感与满意度，后台依托大数据系统为基层政府用数据研判、凭数据决策、依数据处置提供重要支撑。B 区“社区通”通过大数据分析能够实时捕捉社情民意，实现了对基层治理脉搏的准确把握，助力基层政府提供精准公共服务。通过将“社区通”与公安、网格化管理、一网统管等系统的对接和协同，提高问题发现与处置效率，降低基层治理风险。

其次，X 区“掌上云社区”案例和 B 区“社区通”案例具有高居民自治性。开展社区治理智能化建设之前，X 区和 B 区均面临社区自治与居民参与不足的难题。借助新一代信息技术推进党组织引领下的居民自治与社区参与、提高居民参与社区公共事务的能力和效果是两个社区治理智能化项目的共同目标和重点。“掌上云社区”一方面开展居委会主导下的在线协商，居委会作为平台“群主”引导和动员居民广泛参与社区公共事务讨论，集中居民智慧解决社区公共问题，提升了社区居委会的号召力、影响力和行动力。另一方面，“掌上云社区”探索居民自主的在线协商，通过居民对于社区公共问题的自由讨论与交流，培育和激发居民的主人翁意识和责任感，形成社区共治自治的新模式、构筑起邻里守望相助的精神家园。此外，“掌上云社区”加大对居民骨干的培训进一步提升居民自治的内功与能力。B区“社区通”将党领导下的社区自治作为创新的重要目标，通过党员和志愿者“铁粉”的引导，提升了居民社区参与的积极性、有效性与持续性。消除传统社区参与中年轻人代表性不足的弊端，吸引大量年轻“上班族”线上参与到社区治理中来，切实改变了社区参与结构。建立“议事厅”版块，开展自下而上的议事协商，形成从议题形成到建立公约的议事协商完整操作链。利用“社区通”平台推进业委会选举工作，破解社区自治瓶颈与难题。总之，X区“掌上云社区”和B区“社区通”为辖区社区居民自治搭建了高效便利的智能化平台，居民参与实现了从被动裹挟到主动在场的华丽转身，居民的自治权、参与权、知情权得到了切实保障。

二、增能赋权型治理的行动者网络与转译过程

X区“掌上云社区”和B区“社区通”两个案例所形成的行动者网络包括人类行动者与非人类行动者。其中的人类行动者有区委区政府、街镇政府、社区党组织、居（村）委会、业委会、物业公司、技术公司等组织和政府公务员、社区党组织与居委会干部、业委会成员、物业公司和技术公司员工等个人。两个案例行动者网络中的非人类行动者主要包括互联网、移动互联网、社交媒体等新一代信息技术以及基于上述技术开发的“掌上云社区”和“社区通”应用软件。

X区“掌上云社区”和B区“社区通”两个案例中均体现了所在地区党委政府对创新实践的引领与主导作用，因此所形成的行动

者网络中区委、区政府是核心行动者。核心行动者不仅仅是社区治理智能化实践创新的发起方，还肩负着确定创新目标与方向，设计规划项目实施方案，招募其他行动者并自上而下推进项目实施的责任。作为移动互联网时代社区治理“神器”的“掌上云社区”和“社区通”是新鲜事物，无论是X区还是B区对创新项目均没有现成可以借鉴学习的经验。创新项目的实施与发展均经历了一个不断升级、更新与迭代的过程，X区和B区区委区政府及相关部门在这一过程中始终将这两个创新项目作为区政府重要甚至中心工作来抓，区委、区政府主要领导亲自关心，多次主持专门会议研究部署工作，坚持以社区治理智能化建设为抓手深入推进所在地区基层社会治理创新。应该说区委区政府的坚强领导和决策部署是“掌上云社区”和“社区通”项目成为城市社区治理智能化成功实践的关键与核心。此外，社区党组织和居委会是两个案例所形成的行动者网络中的关键行动者。“掌上云社区”和“社区通”两个项目的鲜明特点就是凸显社区党建创新，充分彰显社区党组织在社区治理中的红色引领作用。基于“掌上云社区”和“社区通”平台开展的线上主题党日、“党员说”线上直播、“党群服务云地图”、“党员认领微心愿”、党员亮身份等活动让党旗在基层社区飘扬，连通了党心民心，基层党组织的凝聚力、战斗力与感召力得到了加强。两个案例中社区居委会成为平台日常运营的关键节点。政务服务发布、组织居民线上协商、回应居民诉求、发现与处置平台上问题、线上线下联动提供精准服务，这些平台管理运行的日常工作依靠社区居委会及其工作人员尽职履责。社区业委会、物业公司、技术企业和居民也是重要的人类行动者。业委会通过智能化平台开展日常工作、维护业主权利、组织换届选举；物业公司及时回应与处置社区居民在平台上反映的物业管理问题；技术企业负责研发、维护与升级系统，为创新项目提供专业培训与技术保障；居民在平台上进行议事协商、提出意见建议、获取信息咨询、开展社区自治与参与实践活动。两个案例中的非人类行动者主要是基于移动互联网的智能化应用平台以及4G、5G等信息通信技术。发展迅速的移动互联网技术与应用是社区治理智能化创新得以实现并得到持续稳定运行的基础和保障。

行动者网络理论认为转译过程包括四个环节，即问题化、利益赋予、招募与动员。问题化环节要明确行动者需要解决的核心问题，并拟定可以被所有行动者接受的目标，也就是行动者网络理论中所谓的强制通过点。根据X区“掌上云社区”和B区“社区通”两个案例，问题化的过程体现为作为核心行动者的X区与B区的党委政府尝试运用信息技术手段解决新的时代背景下基层社区治理难题。这些问题在传统治理模式下难以解决，成为长期以来制约X区和B区社区治理效能的“难啃骨头”，问题集中表现在四个方面：一是基层党组织和社区居委会的作用发挥不足，群众获得感不强；二是社区管理体系不够完善，基层治理风险识别与问题处置有待优化；三是社区服务供给仍旧不够精准，难以充分满足居民需要；四是居民自治成效不明显，居民特别是年轻居民参与社区治理的热情不高。利益赋予环节需要分析社区治理智能化创新对各类行动者可能带来的潜在利益。对于社区党组织和居委会来说，创新实现的价值一方面在于落实区委区政府的决策部署，彰显社区治理创新的亮点与特色，另一方面在于破解传统社区治理难题，完善社区治理体系、提升治理能力，推进社区自治和居民参与，增加居民对基层党和政府的信任感和对社区的归属感与认同感。对于社区居民来说，社区治理智能化创新项目可以保障自身的知情权、参与权与表达权，可以获得更为优质、高效、精准的社区服务，提高自身的获得感、幸福感和满意度。对于承担项目建设的公司来说，不仅可以获得商业利润，更为重要的是承接政府项目能够增加企业的市场信誉和声望，有利于其业务发展壮大。对于社区物业公司和业委会来说，智能化平台为其工作开展提供了高效便捷的载体，有利于其更好地发挥自身职责，赢得广大居民的认可和满意。招募和动员环节中核心行动者与关键行动者通过不同的策略将其他行动者纳入社区治理智能化创新项目所形成的行动网络。X 区与 B 区的党委政府通过召开会议对区政府相关职能部门、各街镇、技术企业进行工作动员，对落实区委区政府决策部署提出明确要求，通过压力传导机制提高各相关政府部门对于创新工作的重视程度、提高执行力。各街镇将区委区政府的决策部署进一步传达给社区党组织和居委会，通过宣传动员让社区一线干部明确项目的意义、进度和要求，并对其工作落实情况进行监督。社区党组织、居委会和技术公司则通过在社区召开动员会、培训会和组织宣传推广活动将社区治理智能化创新项目向物业公司、业委会成员、居民区楼组长、社区志愿者与社区居民进行广泛宣传与推广，使物业人员与社区居民了解项目的目标、特色以及可以对居民生活带来的积极价值，对智能化应用注册、入群和使用方法进行培训和协助。X 区和 B 区下辖的社区通过持续多次的推广和吸粉不断扩大行动者网络的规模，完成了转译过程。

三、增能赋权型治理面临的困境与挑战

以 X 区“掌上云社区”和 B 区“社区通”为代表的增能赋权型治理是当前我国城市社区治理智能化创新探索的最佳模式，实现了优化基层治理效能和提高居民自治的双赢。然而，调研表明增能赋权型治理依旧面临亟待突破的一些困境与挑战，能否有效应对这些问题在一定程度上决定了智能化创新实践能否持续取得成效。

一是问题发现与问题解决之间存在“断裂带”。“掌上云社区”和“社区通”平台的建设打开了居民“自下而上”反映问题的渠道，集中收集问题信息、挖掘需求信息、扩大覆盖面，通过扁平化的信息化平台将问题分门别类传递给基层相关部门。在“集中”收集、“分散”处置的过程中克服以往问题处理过程中边界不清、处置拖拉等问题。然而，目前的问题在于数字化的应用和构想尚未撬动制度变革，“技术优化制度”的愿景尚未实现。智能化平台的作用更多体现在运用技术手段及时准确发现和识别问题与风险。在问题解决方面，由于缺乏有效的法律、制度保障，社区党组织和居委会等部门难以调动街镇甚至区政府相关职能部门。事权、治权下移的同时，权力和资源下沉不足，“小马拉大车”的居村委在社区治理的痛点、难点面前依旧捉襟见肘、力不从心。例如，调研中有社区居委会干部提道：“平台上居民反应的一些问题我们很重视，书记召集物业、业委会多次商讨如何解决问题，但是很多问题要想解决还得靠政府职能部门，我们去协调多次，但效果不理想，导致问题迟迟无法解决。”

二是过度考核进一步增加基层负担。2019 年，中共中央办公厅

印发《关于解决形式主义突出问题为基层减负的通知》提出着力解决督查检查考核过多过频、过度留痕的问题。党的十八大以来，习近平总书记在为基层干部松绑减负，力戒形式主义方面做出一系列重要指示。但对于社区治理智能化创新的绩效考核却在一定程度给基层增加了更重的负担。X 区“掌上云社区”和 B 区“社区通”是区委、区政府高度重视的重要创新工作，在工作部署和任务落实中区政府自上而下层层压实责任并对社区推进落实情况进行考核排名，这给本来已经感到负担过重的社区工作人员增加了更多的压力。为了落实上级任务，争取亮眼至少不难看的考核绩效，有些社区不得已采取了一些策略性行动应对考核。调研中有居委会干部反映：“平台的活跃度要进行考核排名，这种压力很大，有时候社区的确没有什么事情，但是居民发言还是要有的，这时候我们会要求楼组长、志愿者等人在群里多发言、做一些引导工作。”

三是网络参与与表达无序降低治理效能。“掌上云社区”和“社区通”等平台的优势是居民可以自主发言，保障了居民平等的表达权，但这也造成信息超载和大量“网络噪声”对在线协商与自治构成负面影响。一方面是网络谣言破坏参与秩序。调研中发现，有个别居民出于某种原因会情绪化、非理性地在平台上发表断章取义的信息或编造不实言论。此类谣言由于内容具有“博眼球”“传染性”的特点，往往能够快速吸引平台上群组成员的关注，对社区居民造成误导。社区工作人员如果处置不够及时甚至可能引发舆论危机。另一方面是居民诉求差异造成平台活跃度降低。在一些涉及社区居民切身利益的问题上涉事居民均站在个人立场上发表看法，网络协商难以形成利益各方均能接受的方案，这可能造成社区居民对网络参与的热情和积极性下降和平台的活跃度和用户黏性受到影响，进而导致社区治理智能化创新效能受损。访谈中社区居民提道：“平台上我们小区的群原来还挺活跃的，但是前一段因为抢占车位的问题有两家在平台上吵起来，居委会干部、楼组长和很多居民也劝了，但是两家意见蛮大的，现在群里很少有人发言了。”

第七章　弱政府主导—弱居民自治的技术悬浮型治理

第一节　A 镇智慧社区案例

一、案例概述

P 区 A 镇位于超大城市 S 市中心城区，镇域面积 7.67 平方千米，在 P 区 10 个街镇中排名第二，实有人口总数约 13 万人，其中户籍人口约 8.47 万人，设 26 个居民委员会。2016 年起主动对接 S 市建设智慧城市发展战略要求，以社区服务 App 为载体，打造一个集智慧政府、智慧公共服务、智慧商圈等为一体的智慧社区掌上微服务平台。

A 镇智慧社区 App 平台以关注民生、惠及百姓的理念为主导，为居民提供办事预约、便民信息、社区新闻及商业优惠等服务，主要包括社区头条、社区服务、社区生活、社区之家几个版块。社区头条版块是以新闻头条的方式报道、推送 A 镇热点消息；社区服务版块提供了 A 镇社区事务服务中心、辖区内医院、学校、体育场馆开展服务的报名和预约功能；社区生活版块主要发布辖区内商家促销信息，并植入了医院挂号、机票预订等功能。社区之家版块主要提供辖区内政务服务与商务信息与地点查询功能。2018 年 A 镇智慧社区 App 平台（二期）在一期平台的基础上新增“幼儿接送”“医养 e+”等社区便民服务功能。家长接送小孩时，可以通过指纹认证、身份证二维码扫描等完成门禁识别，用科技的手段解决校园接送安全的问题。居民能够便捷地通过手机查询社区卫生服务中心的药品库存情况，免去为了配药而来回奔波的苦恼。

A 镇智慧社区 App 平台采用“建运一体”的发展模式，以社区民生服务为主切入点，结合政府各部门的规划和指导要求，围绕社区的政务服务、公共服务、商业服务展开，建设形成社区服务与社区居民良性互动的智慧社区服务体系。智慧社区 App 经过了几年的建设，促进政府服务、便民服务、公益服务和互助服务的有机结合，形成政府指导、社区统筹、企业运营、居民监督的新型智能化社区生活服务平台。

二、A 镇智慧社区建设的背景与动因

随着大数据、物联网、云计算、移动互联网等新一代信息技术的发展，国内越来越多的地方政府通过开展智慧社区创新提高社区治理和公共服务成效。智慧社区是通过综合运用现代科学技术，统筹公共管理、公共服务和商业服务等资源，以智慧社区综合信息服务平台为支撑，提升社区治理和小区管理现代化，促进公共服务和

便民利民服务智能化的一种社区管理和服务的创新模式。2014 年 5 月住房和城乡建设部印发《智慧社区建设指南（试行）》（建办科〔2014〕22 号），要求通过智慧社区建设提升社区服务能力，推进社区治理现代化。S 市是我国较早开展智慧社区探索的地区之一。2012 年 S 市在经济与信息化委员会的牵头下启动了智慧社区建设，先后确立了 50 家智慧社区建设试点单位，2014 年又成立了智慧社区创新联盟，打造了一批示范社区，实现了社会管理的智慧化、公共服务的精细化，人的生活方式优化，形成了新型、生态、可持续的社区发展治理模式。2013 年年底 S 市经济信息委、民政局、文明办联合编制了《S 市智慧社区建设指南（试行）》，提出到 2020 年使 S 市 50%以上的社区实现智慧社区标准化建设的目标。A 镇推进智慧社区建设主要有三方面因素：

一是外部因素。A 镇不在 S 市确立的 50 家智慧社区试点单位范围内，而与 A 镇相邻的 C 街道位列其中。这意味着 C 街道在智慧社区建设中获得了优势地位和诸多资源，但同时由于 C 街道是 P 区唯一一个获得市级层面试点的单位，C 街道面临着巨大的期许和压力，这对于 A 镇来说或许是一个机会。如果 A 镇能够通过自主创新，探索出一条智慧社区建设的有效路径，不仅有利于 A 镇未来获得试点资格，同时在与 C 街道的竞争中不至于落后。二是内部因素。当前 A 镇在基层治理与社区服务方面做了大量的工作，镇政府和辖区居委会干部感到工作任务重、压力大，但成效并不明显，最突出问题是不接地气，干部很辛苦，但群众不了解、不满意。A 镇领导试图借助智慧社区这一崭新的社区治理形式，改进社区各项服务质量，让更多群众了解、认可、满意基层政府的工作，赢得群众的支持和信任。三是个人因素。A 镇主要领导个人对于社区信息化工作具有较大热情。在来 A 镇工作之前，该领导就在获得智慧社区试点的 C 街道工作。在他的领导和具体部署下，C 街道社区信息化建设取得了显著成绩，成为 P 区首个建设街镇层面政府官网的街道，该领导主政期间信息化建设的成就为后来 C 街道获得智慧社区建设试点打下了坚实的基础。因此，该领导希望能够把 C 街道信息化建设的经验在 A 镇得到复制，借助智慧社区这一新的社区信息化平台取得进一步突破。

三、A 镇智慧社区建设的过程

（一）项目酝酿与决策

在 2016 年上半年 A 镇的一次部门会议上，A 镇主要领导提出要建设智慧社区，并将这个工作交给 L 科长具体负责，由镇财政安排专项资金予以支持。接到任务后，L 科长随即召集科室全体成员开会讨论，希望尽快拿出方案向镇领导汇报。由于智慧社区是新生事物，从镇领导到普通干部对智慧社区的概念与内容，智慧社区创新的目标、建设方式和手段都比较模糊。究竟如何开展创新缺少明确方向和轮廓。至于学习借鉴其他地方经验也未必有效。S 市虽然已经有一些街镇获得试点资格，但大多数还处于摸索阶段，并没有形成成熟的建设模式。通过对全国各地智慧社区建设信息的初步收集，L 科长发现各地区的建设方式各不相同，既有政府主导型也有企业主导型，政府主导的主要是市级或区级政府作为创新主体，可供借鉴的基层政府实施的智慧社区寥寥无几。更为关键的是技术和人力资源相对不足。A 镇领导虽然明确给予智慧社区专项资金保障，但智慧社区建设涉及方方面面，需要的不仅仅是钱。智慧社区的产生源自于新一代信息通信技术的发展，首要问题就是要解决技术上的难题。而对于A镇来说，政府的技术能力显然是不够的，这就需要外部技术力量的引入。此外，镇领导指定L科长负责智慧社区项目的推进，而其所在的科室只有4名专职干部，日常工作已经接近饱和，开展智慧社区创新面临人手不足的困境。

面对压力和多方面的困难，L科长多次采取头脑风暴的方式征求科室干部的意见和想法。随着不断地学习和思考，大家提出了不少独具特色的方案。通过对不同方案合理性、创新性与可行性的比较，最终确定的方案是A镇智慧社区建设以开发一款融合政务服务、商业服务与公共服务功能的社区App为突破口和首期工程，通过线上与线下的互动，为辖区居民提供更便捷高效的社区服务。

选择社区App作为A镇智慧社区创新载体主要有两方面原因：一方面A镇作为基层政府，能够支持和协调的资源有限，涉及信息基础设施、智慧养老、智慧教育、智慧医疗等内容的综合性智慧社区服务虽然容易获得群众欢迎，但是对于A镇政府特别是具体负责的社会建设科来说超出了其权责范围，难以实现；另一方面当前智能手机已经较为普及，老百姓对各类手机App使用较为熟悉，国内不少地方政府推出了各类政务App，而在街镇层面以社区服务为主要功能的政务App还不多见。因此，将开发一款社区App作为A镇智慧社区建设的突破口和主要载体具有较强的创新性和可行性。

（二）项目团队组建

L科长很快将开发一款社区App作为A镇智慧社区创新首期建

设内容的想法向镇主要领导做了汇报，领导对这一思路表示赞同。L科长迅速组织干部开会讨论智慧社区 App 开发实施方案。大家认为人是第一要务，要在较短时间内形成一支有战斗力的 App 开发项目团队是工作有序开展的关键。

团队组建过程中 L 科长面临两个主要问题：首先，智慧社区 App 开发主要由 L 科长所在的 C 科负责，但该科人才队伍无论从能力还是数量都不尽如人意。其次，智慧社区 App 的开发对专业技术能力的要求很高，超过了 A 镇政府信息化部门的职责和能力范围。经向 A 镇领导请示，最终决定镇政府主要负责项目的决策和规划，项目推进由 C 科牵头，智慧社区 App 开发与运营等具体工作则采取购买服务的形式将交由专业互联网技术公司来实施。

经领导批准，A 镇建立了智慧社区建设领导小组，由一把手担任组长，同时由 C 科牵头建立了 A 镇智慧社区一期工程——社区 App 开发项目组，并根据团队成员的专业和特长进行分工，明确各自职责。L 科长制定了智慧社区 App 开发工作进度安排，明确每周一准时召开项目推进工作会议，针对 App 开发阶段任务进行专题讨论。项目推进过程中，L 科长多次向镇智慧社区领导小组汇报智慧社区 App 开发工作进展，寻求领导和其他部门的支持。在镇领导的直接关心和协调下，A 镇将智慧社区 App 开发列入镇核心工作之一，镇政府各部门在数据、人力、物力等方面为给予了创新项目组最大程度的配合和帮助。

选择合适的企业承担项目研发和运营是 A 镇智慧社区建设的关键。因此，A 镇在外部合作对象的选择上比较慎重。经过两轮对备选公司资质、经验和设计方案的考察，最后通过公开招标的形式确定了注册地在本区的F公司承担智慧社区App项目的开发。合作企业基本确定后，为了稳妥起见，A镇并没有迅速与F公司直接签订项目合同，而是先期委托F公司在A镇建立智慧社区体验中心。经过3个月左右的建设和布置，A镇智慧社区体验中心基本建成。在体验中心建设基本达到预期效果之后，A镇才与F公司正式签订了智慧社区App开发合同。合同中明确规定了双方的权利和义务，同时在政府和企业之间建立了较为完备的沟通协调机制。人员沟通上C科将参与项目建设的F公司员工纳入创新项目组，确定了政府和企业双方日常联系人，确定每月固定时间至少召开一次项目组全体成员例会，并通过建立微信群的方式加强项目成员彼此间的协调与配合。同时，在合同文本和项目推进中注重监督合作企业履行保守国家秘密和公民隐私的责任，对某些重要信息进行脱敏处理，同时要求企业将项目研发情况、功能设计与信息发布及时向A镇汇报，征得镇政府同意。

（三）项目方案设计

政府与企业明确了彼此职责后，A镇智慧社区App研发正式拉开帷幕。研发工作刚刚开始，在App功能设计上企业与政府便产生了较大的分歧。A镇官员认为作为A镇智慧社区建设重要组成部分的社区App是A镇政府的一项公共服务创新项目，要有鲜明的官方色彩，版块设计要简洁明快，信息内容既要有权威性，又要展现A镇基层工作的风貌，最重要的是不要有过多商业推广内容。而F公司设计人员认为App作为社交媒体时代的产物要适应社会和市场需求，智慧社区App不是政府网站的手机版，不应该侧重于官方信息发布，应该以实用功能为主，界面要时尚，有足够吸引力的商业信息更是积累用户的必要手段。

由于双方对App的定位存在较大争议，研发工作迟迟不能全面展开。L科长向A镇主要领导征求意见，A镇领导认为App的设计应该服务于智慧社区创新的目标和初衷。基层政府搞智慧社区创新探索，不是为了赢得上级好评、媒体关注，更不是为了彰显政绩，创新目标自创新伊始便非常明确，就是要服务辖区群众，要借助智慧社区App这一崭新的形式和载体提高A镇社区服务在群众中的接受度、认可度和满意度。根据镇领导的指示，项目组明确了服务群众的创新目标，在设计思路上力求使A镇社区App能够有效实现政府服务、公共服务与商业服务等多种功能的整合，既能够增加群众的获得感，又避免过度商业化。经过政企间反复的讨论与协商，最终确定了App的主要模块。

在模块设置上A镇智慧社区App主要包括社区头条、社区服务、社区生活、社区之家几部分。社区头条是以新闻头条的方式报道、推送A镇热点消息，其中既包括S市、P区以及A镇政府组织的社区活动，也包括辖区内知名商家的优惠推广活动。与政务App不同的是，A镇智慧社区App推送的新闻中基本没有与主流媒体重复的时政要闻，更多的是发布与百姓生活密切相关的信息。社区服务版块提供了A镇社区事务服务中心、辖区内医院、学校、体育场馆开展服务和活动的报名和预约功能，并与P区网上政务大厅相连，可查询到S市户籍、社保、公租房、公积金、就业、婚姻登记等方面的最新政策、办理指南和办理进度。社区生活版块主要发布辖区内商家促销信息，同时可以方便地链接到挂号网、携程网、中国天气网、阿姨帮等诸多知名网站 App，并植入了医院挂号、机票预订、违章查询、菜价查询等便民功能。社区之家版块主要提供辖区内政府部门、医疗教育部门、文体场所、公共事业部门、商业综合体、商业步行街的信息查询功能，并配备了地图索引。

在运营模式与信息发布方式上，F 公司负责智慧社区 App 日常运营管理和技术维护，A 镇 C 科则负责对 F 公司运营的监督以及对公司发布信息的审核。创新实施方案形成后，L 科长多次组织召开座谈会，广泛征求镇领导、相关干部和群众的意见和建议，不断对方案进行修改和优化。在征求意见过程中，反映最为强烈也是项目组最担心的就是对于辖区居民来说智慧社区 App 能否具备足够的吸引力。项目组广泛吸纳了各方建议，不断增强智慧社区 App 服务群众生活的属性，先后加入了幼儿体检预约、孕前检查预约、免费家电清洗、免费早教预约、社区活动索票、社区团购、辖区重点商家优惠券等多种生活服务功能，不断提升社区 App 的实用性和亲和性。经过几次征求意见，到 2017 年 4 月研发工作告一段落，A 镇智慧社区 App 正式上线运营指日可待。

（四）项目推广宣传

2017 年 5 月下旬，A 镇智慧社区 App 宣传推广工作正式启动。项目团队成员在镇政府、社区事务服务中心、智慧社区体验中心等区域悬挂了宣传海报和易拉宝，并发动 A 镇各职能部门公务员向亲戚朋友宣传推介。然而，这一较为便利的宣传方式成效非常有限，智慧社区 App 上线一个月来用户数量增长缓慢。项目团队经过讨论研究决定依托社区居委会的组织和人力优势向居民进行第二轮推广。

2017 年 6 月，C 科组织了 A 镇 26 个居委会干部来镇政府开会，向他们推介这款社区 App。会上有的居委会干部对居民社区 App 能否被群众接受产生怀疑，也有的居委会干部提出缺少足够的人手进行推广宣传。面对这种情况，L 科长意识到宣传推广工作可能并不是想象中的简单。因此，推介会现场并没有强制要求居委会干部向居民宣传，而是采取鼓励、倡导的方式，让居委会干部首先了解熟悉 App 的功能和操作方式。

A 镇智慧社区 App 前两轮的宣传推广活动没有达到预期效果。经过对宣传失败的反思，L 科长认为直接与居民面对面接触更有利于智慧社区 App 被居民接受。因此，第三轮宣传策略是将 A 镇划分为若干区域，由工作人员到小区显著位置进行摆摊宣传。在居委会干部和小区物业人员的配合下，工作人员在小区向居民发传单，逐一帮居民下载 App 软件并指导居民使用。为了切实增加居民的获得感，激发居民下载使用智慧社区 App 的热情，项目团队成员与专业的家电维修公司联系，凡是下载智慧社区 App 的 A 镇居民，可凭预约号免费清洗空调、洗衣机一次。2018 年 6 月至 9 月，A 镇在 5 个主要区域先后举办了智慧社区 App 现场推广培训活动。随着活动覆盖区域的增加，A 镇智慧社区 App 的注册用户量有了显著的提高，到 2018 年年底，A 镇智慧社区 App 用户量达到一万人，阅读量超过 30 万次。

（五）项目后续运行

经过项目团队广泛的宣传动员，A 镇智慧社区 App 装机率不断提升，App 吸引了大批粉丝，用户黏性不断增强。特别是免费早教、幼儿体检预约、商家优惠券等功能得到辖区内居民的认可。A 镇智慧社区创新探索得到了新华网、人民网等主流媒体的报道。A 镇领导和 L 科长多次在各类政府会议上交流智慧社区建设经验，A 镇智慧社区 App 在政府内和全社会知名度持续得到提升。

A 镇智慧社区 App 在运行初期取得了较为理想的成效。然而，随着时间的推移，A 镇智慧社区 App 运营开始出现一些问题，严重影响了创新效果。2019 年，A 镇力主智慧社区建设的主要领导和始终牵头负责推进智慧社区 App 工作的 L 科长由于工作调动先后离开了 A 镇政府。A 镇新任领导没有将推进智慧社区建设作为重点工作，智慧社区 App 建设在 A 镇政府工作中逐渐被边缘化。2019 年以来，A 镇智慧社区 App 运营与管理的主要职责均由 F 公司全权负责。由于 A 镇政府对智慧社区建设没有追加投入，F 公司也仅仅维持 App 的基本运营，App 的功能未能进一步优化升级。A 镇 C 科工作人员表示："项目启动之初当时的镇领导明确我们科负责 App 项目，但是我们一共才 4 个干部，常规工作人手都很紧张，这项工作只能挤出时间干，主要的工作让企业去做，但我们会定期与他们沟通，开始的效果还不错。但后来新领导对这一工作也没有提新的要求，任务就基本全部交给企业了，有问题他们才会与我们联系，现在这个工作基本上不再有什么新的动作，但是也没有停止，主要是发布一些新闻和活动信息。"与此同时，自 2019 年起，S 市上线了覆盖绝大多数公共服务和民生事项的全市统一 App 平台，并将其作为 S 市推进"互联网+政务服务"的重点工作。通过持续不断的优化功能、提升用户体验，S 市的政务 App 积累了大量的用户，取得了显著的成效。加之支付宝、微信等知名互联网公司开发的应用普遍增加了民生服务功能和小程序，A 镇智慧社区 App 既有功能基本被替代，很难再获得新的用户。当前，A 镇智慧社区建设已经偃旗息鼓，智慧社区 App 也不再受到政府、居民和媒体的关注。调研中发现，当前不少 A 镇居民甚至政府干部已经将其卸载，A 镇智慧社区 App 处于名存实亡的状态。

第二节　B 街道"AI+社区"案例

一、案例概述

人工智能的迅速发展将深刻改变人类社会生活的方方面面。2017 年国务院发布了《新一代人工智能发展规划》中提出发展便捷高效的智能服务，围绕教育、医疗、养老等迫切民生需求，加快人工智能创新应用，为公众提供个性化、多元化、高品质服务。S 市于 2017 年发布的《关于本市推动新一代人工智能发展的实施意见》，强调拓展人工智能融合应用场景，加快人工智能在经济发展、城市治理和公共服务重点领域的深度应用，形成 60 个左右人工智能深度应用场景，建设 100 个以上人工智能应用示范项目。2018 年年底，S 市在全国率先发布人工智能该应用场景建设实施计划，市经济信息化委组织开展人工智能应用场景需求征集工作。

B 街道地处 C 区西部，总面积 2.22 平方千米。经过 20 年的发展，B 街道形成了以导入人口为主体、流动人口为增量，老式小区为主、新建小区为辅的社区形态，是一个典型的居住型社区。目前辖区共有15个居委会，32个自然居住小区，住宅面积155万平方米。C区B街道是一个聚集老旧小区占比高、人口老龄化趋势明显、医疗资源相对缺乏、“产城融合”明显等特征于一体的居住型社区。2018年底，C区B街道被列为S市“AI+社区”场景建设两家试点主体之一。2019年4月，C区B街道被列为全国首批“AI+社区”人工智能应用场景试点之一。作为S市“AI+社区”场景建设主体，B街道探索人工智能融入社区基础设施建设，实现跨地区、跨领域的高效资源整合，九大类30个项目在B街道实现了集中应用，推动各项社区服务智能化掌上化，让老百姓的生活更加智慧便捷。B街道通过探索试点“AI+社区”项目，运用新一代信息技术和先进理念，统筹信息资源、开展智能改造，使“老小区”提前过上了“未来生活”，打造出普惠宜居、以人为本的智能环境。

二、B街道“AI+社区”的主要内容

（一）“社区大脑”综合管理服务平台

依托城市综合管理中心，建设B街道“社区大脑”综合管理服务平台，集成重点领域数据并进行分析处理，实现预测预警、决策支持等功能，平台主要包括以下三个模块：一是智能康养版块。依托街道现有社区综合为老服务中心、社区卫生服务中心等为老服务、医疗健康实体平台，实现社区养老与健康数据采集与汇聚、统一处理分析、精确跟踪管理、联合预测预警等功能。全面提供社区健康与养老方面相关业务预约、家庭医生、慢性疾病管理、社区配药、远程健康咨询等服务。二是智能服务信息版块。汇聚以小区为点，

联通道路、街面等底层物理设施所采集信息，对接商业服务实体与第三方平台数据信息流，提供涵盖社区物业管理、生活服务、出行服务、智慧街面管理、社区智慧商业（零售）及社区事务受理等各方面服务内容。三是智能社区治理版块。整合街道城市网格化管理、综合治理系统与平台功能，建设统一平台，同步实现各条线联勤、联署办公。平台后台汇聚城市管理与综合整治各方面数据，实现数据统一处理分析，智能预警与决策支持，提供事件跟踪、督促与考核评价支撑，实现可视化统一展示与联动指挥。

（二）智能社区康养

一是无线网络生物探测。随着城市老龄化程度的加深，B 街道出现越来越多的独居老人。老人独自在家时如发生意外情况无法及时通知家人是独居老人面临的一大安全隐患。成熟的机器视觉技术因为存在隐私泄漏问题，无法在家庭场景中部署。无线网络生物探测主要用于家庭隐私环境下的人体行为识别，通过基于人工智能技术进行数据分析与处理，可以准确识别出走动、摔倒、静卧等不同姿态，及时了解独居老人状态的同时不侵犯个人隐私。B 街道对 L 居民区 100 多户独居老人等特殊困难家庭安装了基于 Wi-Fi 信号的生物探测系统，如监测到异常数据会自动报警及时通知物业或家人，避免意外发生。

二是 24 小时智能问诊机器。集在线问诊、AI 诊疗、电子处方及远程智能自助售药于一体的 24 小时智能问诊机器为 B 街道居民提供一整套功能完备的就医服务，解决居民夜间及应急就医需求。其中语音远程问诊功能可让使用者直接连线后台千余名三甲医院专科医生，由医生开具用药建议，并提供透明、低价的药品采购方式。智能问诊平台将所采集的数据作为辅助决策数据，通过与家庭医生、社区卫生服务数据的汇聚，形成个性化动态健康跟踪记录，面向居民本人以及家庭医生等专业服务人员提供分析预测、诊断支持、提醒预警等个性化医疗服务。

三是智慧健康小屋。智慧健康小屋通过物联网感知设备搜集居民健康体征数据和体质监测数据并自动传输至健康云平台，实现了基础数据向社区医生推送，居民异常体征数据向居民个人和居民家属提示等功能。B 街道居民可以使用 AI 体质检测仪器，实现健康自助检测、健康自我评估和健康指导干预。智慧健康小屋系统实现了“居民预检—异常预警—临床参考—医生管理”的闭环管理流程，有效补充了居民电子健康档案，提升了高血压、糖尿病等慢性病管理水平，拓宽了居民健康管理覆盖面。

（三）智能社区文化

社区智慧书房。B 街道智慧书房包括数字阅读系统、自助借还系统、朗读视听系统、智能学习系统等，成为“居民家门口的图书馆”。智慧书房包括五个方面主要功能：一是自助借还功能。读者可持读者证在室内自助借还机上刷卡进入自助服务流程，按照界面和语音提示，自动完成设备借阅。二是自助阅览功能。智慧书房中配置安全舒适的座椅、空调、通风系统等，读者可以自由使用书房内的阅读本进行阅读。三是数字图书借阅功能。通过数字图书借阅终端设备，可以查阅扫描二维码下载书籍到手机上，随时阅读。四是资源瀑布流功能。通过数字图书借阅终端设备，点击从天而降的书本，扫描二维码下载书籍到手机上，随时阅读。五是自助朗读功能。喜欢朗读的居民可以在朗读亭里一展身手，选择自己想要阅读的散文、诗歌、文章一边朗读一边监听，还可以将自己的朗读作品发送到至自己的手机。“智慧书房”通过智能化手段让B街道居民可以便捷地享受阅、借、读、听、视等全方位的服务，显著提高了读者满意度。

（四）智能社区健身

一是体魔方。体魔方项目基于大数据和人工智能技术，在打通区域医疗数据、体质监测数据的基础上，汇集体质健康专家经验，加载于社区健身器材之上为用户提供有针对性的“运动处方”，指导社区居民特别是慢性病人群科学健身。项目依托现有市民体质健康数据和智能物联设备自动采集的数据，通过后台算法引擎处理，为B街道居民提供便捷服务。同时形成包括用户基本信息、用户每日锻炼数据、用户医疗健康信息、每日健身互动跟踪数据等个性化健身档案。可以实现四方面主要功能：一是为社区居民提供各类健身知识语音问答；二是智能评测，包括运动机能专业评测、专项运动能力评测和专项健康评测；三是运动计划定制，根据用户健身目标确定生成运动计划方案和运动日历；四是科学健身指导，基于体质健康知识库和用户体质健康数据系统为用户提供个性化健身指导。

二是智能健身步道。B街道智能步道利用城市公共绿道、社区活动空间为载体，在打通居民医疗数据和健身数据的基础上，采用人工智能技术，经物联网汇聚成包含多参数多用户的大数据平台，结合现代医学、AI技术，为全民健康提供私人定制式的运动指导。

B 街道对“AI+社区”现有健身步道进行升级，通过人脸识别和健身算法，对居民在健身步道上的锻炼情况进行测量、告知以及提供健身建议。B 街道在小区内智能步道区域设置了两路人脸识别相机，加强对社区内居民跑步健身数据的统计管理。当居民在步道上跑步健身时，通过前端相机采集人脸数据，并比对识别，识别完成后，确认居民身份。通过 Open API 方式与上级“体魔方”系统对接，供上层业务系统调用相关数据，完成运动健康数据与身份的绑定，并由“体魔方”推送至现场大屏，供居民掌握个人的运动情况。

（五）智能社区管理

一是智能湿垃圾处理。B 街道“AI+社区”以技术手段提升社区垃圾分类和湿垃圾处理能力。使用从自然界中分离出的高效安全的菌种，混合成有益菌群培养在载床上并投入湿垃圾处理机。当有餐厨垃圾投入处理机并和菌种搅拌均匀后，菌种会释放出大量的酶，将大分子有机物分解为糖、脂肪酸和氨基酸等短链低分子有机物。微生物菌以此为养分，代谢出少量的水、生物热能和二氧化碳气体。同时微生物菌以几何级数迅速繁殖，可以周而复始地不断“吃”掉新投入的餐厨垃圾。

二是智慧电梯。智慧电梯感知系统通过 AI 摄像头对乘客的异常行为（如摔倒、被困电梯、电瓶车摩托车进入电梯等）进行识别分析，并对电梯运行状态进行智慧管理。智慧电梯在多方通话系统的基础上实现可视对讲、自动报警、语音安抚、异常行为识别、重点人群安全提醒等功能。当乘客如遇发生电梯被困事故时，AI 摄像头将在后台识别乘客异常行为并自动报警。同时，远程救援中心可通过智慧电梯多方通话了解被困乘客的活动状态，并对被困乘客进行有效辅助安抚，实现远程救援服务。

三是智能防火预警。B 街道在小区非机动车车棚内安装电表箱电弧火花监测设备，防范因电瓶充电等导致的火灾。灭弧式电气防火保护装置是基于物联网和智能传感技术的新一代智能化电气防火保护装置。该装置不但可以实时监测电气线路温度、电流、电压等安全隐患，还可以在工作电流异常（短路或过载）时切断电源，由于其独有灭弧式工作特性，可以确保短路或过载故障点无危险性火花产生。同时，该装置通过配套的低功耗广域物联网无线通信模块，将线缆温度、电流、电压等参数实时上传至云平台，管理人员可以通过手机 App 和电脑 WEB 端实现对消防安全隐患的远程实时监管，有效避免了火灾的发生。

第三节 技术悬浮型治理的逻辑

一、“弱政府主导—弱居民自治”：技术悬浮型治理的基本特征

A 镇智慧社区案例和 B 街道“AI+社区”案例属于具有弱政府主导性和弱居民自治性的技术悬浮型城市社区治理智能化模式，这类治理模式实施过程中政府没有发挥足够的主导作用，与此同时，居委会、业委会等社区自治组织也未能充分发挥基础性作用，居民对于创新项目的参与度不高，新一代信息技术未能有效嵌入社区治理体系，而是处于技术悬浮治理的状态。

首先，A镇智慧社区和B街道“AI+社区”具有弱政府主导性。从创新的动因来看，两个项目均是由地方政府发起。A镇智慧社区是A镇政府为了增强自身竞争力而实施的自主创新行为，而B街道“AI+社区”缘起于B街道入选全国首批“AI+社区”人工智能应用场景试点。虽然地方政府对创新注入了强大的动能，但是在创新实施过程中政府未能持续掌握创新的方向与实施进度，技术企业成为主导创新实施进程的主体。政府未能在创新中发挥主导作用主要源于三方面原因。一是政府专业性不足。无论是A镇智慧社区还是B街道“AI+社区”建设均需要具备较高的技术能力，这已经明显超越了基层政府及其工作人员的知识储备。在项目开展中两个案例均采取了公开招投标的方式将项目运营维护委托给具有专业技术能力的高科技企业承担。二是政府与企业异质性较强。在政企合作过程中，科技企业逐步主导了创新决策过程，但是由于知识与信息的不对称、政府与企业对创新定位的不同以及双方组织文化与思维方式的差异，创新的功能设计与运营逐步偏离了政府的最初目标和方向。三是基层政府领导和工作重心发生变化。在社区治理智能化项目运营了一段时间后，由于政府领导更替和基层政府工作重心的变化，智能化项目不再能够吸引政府足够的注意力，A镇智慧社区和B街道“AI+社区”的绝大多数工作交由企业承担，政府的主导作用随之明显下降。

其次，A镇智慧社区和B街道“AI+社区”具有弱居民自治性。两个创新案例中智能化应用的功能主要是为社区居民提供更为优质的服务，居委会、业委会等社区自治组织在创新中的作用未得到充分发挥，居民的获得感、满意度与参与度不高。A镇智慧社区App

设计的初衷是将政务服务、商务服务和公共服务融为一体，但是这种融合带来了其自身定位不清的弊端。虽然宣传推广中A镇政府努力发动社区居委会和居民，但随着时间的推移，App未能及时迭代与更新，自身功能方面的缺陷导致其难逃黏性不强、成为僵尸App的最终命运。B街道“AI+社区”运用人工智能等技术开发了覆盖智能社区康养、智能社区文化、智能社区建设等社区服务在内的各种应用场景，但是这些场景多为向社区居民提供智能化服务，而缺少激发社区居民参与社区公共事务的功能，且所提供服务的数量、规模和用户体验感与社区居民实际需要仍存在一定距离。在对B街道的实证调查中发现，“AI+社区”多数创新应用的使用频率不高。笔者随机采访了B街道某小区居委会、物业公司工作人员和社区居民，大多数被访者没有听说过“AI+社区”项目，部分对项目有所耳闻的被访者反映在项目方案设计与实施过程中没有参与和体验。个别曾经使用过一些“AI+社区”应用的居民虽然对智能应用的新颖性和趣味性表示肯定，但是同时表达了体验过了以后不会经常使用的看法。总的来看，A镇智慧社区和B街道“AI+社区”没有基于社区自治程度低，居民参与社区公共事务积极性不高这一当前我国社区治理普遍面临的痛点与难点问题设计开发有针对性的解决方案。

二、技术悬浮型治理的行动者网络与转译过程

A镇智慧社区和B街道“AI+社区”两个案例所形成的行动者网络包括人类行动者与非人类行动者。其中的人类行动者有区委区政府、区政府相关职能部门、街镇政府、社区党组织、居委会、物业公司、技术公司等组织和政府公务员、社区党组织与居委会干部、

物业公司和技术公司员工等个人。两个案例行动者网络中的非人类行动者主要包括互联网、移动互联网、人工智能等新一代信息技术以及基于上述技术开发的社区大脑综合管理平台、智慧社区 App、各类技术应用系统及硬件实施。

A 镇智慧社区和 B 街道“AI+社区”两个案例的核心行动者均为辖区政府。具体来说，A 镇智慧社区是 A 镇政府为了提升社区治理效能，解决社区治理中面临的突出问题，避免在基层政府之间竞争中落后而实施的社区治理创新探索。A 镇政府特别是 A 镇政府主要领导在项目的规划与前期实施过程中发挥了主导作用。而 B 街道“AI+社区”建设是 B 街道及 C 区政府申请的 S 市人工智能建设试点场景，从项目动因来看属于地方政府的自主创新。在试点推进体制上，C 区成立了“AI+社区”建设工作小组，C 区分管领导、C 区政府各有关部门、B 街道以及 C 区区属国有企业均被列为成员单位。在具体方案设计上，B 街道和 C 区科委共同策划了“AI+社区”建设总体思路和方案，围绕“一个平台、两个小区、三条道路”，推进 9 大类公共服务职能 30 个项目的实施。在项目投入上，C 区政府财政对 B 街道“AI+社区”建设的顺利实施给予了充分保证。综上，作为核心行动者的辖区政府在 A 镇智慧社区和 B 街道“AI+社区”两个案例在项目启动和方案设计中发挥了主导作用。然而，随着项目的持续推进，在建设与运营阶段辖区政府的主导作用逐步降低，作为建设方的技术企业作用逐步凸显，成为行动者网络中的关键行动者。在 A 镇智慧社区案例中，A 镇政府与建设方对于社区 App 的定位和特点存在分歧，当力主智慧社区建设的 A 镇领导和主要项目负责人工作岗位调整后，社区 App 的运营几乎全部委托给 F 公司，企业成为最终决定项目成败的主导力量。在 B 街道“AI+社区”案例中，项目方案包含了康养、物业、文体、政务、金融、出行、商业等社区百姓生活“新开门七件事”，设计开发 9 大类 30 个社区人工智能应用场景。这些 AI 应用场景被委托给 20 余个技术公司进行开发运营。由于政府部门在技术方面的专业性不足，场景设计、开发与运营中企业占据了主导作用。除了政府与企业之外，社区党组织、居委会和小区物业公司也是重要的行动者。无论是智慧社区还是“AI+社区”对于居民来说都是新鲜事物，社区居民特别是老年人对此较为陌生，为了扩大智能应用的使用率和影响力社区党组织、居委会和物业公司在项目宣传推广中做了大量工作，发挥了重要作用。此外，作为智能应用使用者和受益人的社区居民在行动者网络中起到关键作用。居民对于创新产品的认知态度、使用频率和用户体验是判断社区治理智能化创新项目和产品成败的关键。两个案例中的非人类行动者主要是互联网、移动互联网、人工智能、4G、5G 等信息通信技术以及在此基础上开发的各类综合管理平台、应用程序和场景。应该说，新一代信息技术的发展是智能化创新项目得以开展和运营的基础，而技术及应用的不成熟也是制约项目成效的症结。

行动者网络理论认为转译过程包括 4 个环节，即问题化、利益赋予、招募与动员。问题化环节要明确行动者需要解决的核心问题，并拟定可以被所有行动者接受的目标，即行动者网络理论中所谓的强制通过点。根据 A 镇智慧社区和 B 街道“AI+社区”两个案例，问题化的过程体现为作为核心行动者的 A 镇与 B 街道政府尝试通过智慧社区和“AI+社区”建设创新社区治理方式，解决社区治理难题，实现以智能化技术驱动社区治理效能提升的目标。然而，与其他形式社区治理智能化案例不同的是，A 镇智慧社区和 B 街道“AI+社区”两个案例的创新动因具有明显的绩效或政绩驱动色彩。辖区政府的行动目标更多在于借助社区治理智能化建设向上级政府和全社会彰显自身在社区治理方面的创新成效。换言之，两个案例项目建设的动因更多是自上而下推动的任务式创新，而不是现实问题的倒逼式创新。创新发起者对于项目的定位和期许定位于通过智能化技术在社区治理中的应用达到“另辟蹊径”或“锦上添花”的治理效果，而不是解决社区治理痛点难点问题。利益赋予环节需要分析社区治理智能化创新对各类行动者可能带来的潜在利益。首先，A 镇智慧社区和 B 街道“AI+社区”两个案例的辖区政府是项目的重大受益者之一。结合两个案例的时间背景，无论是智慧社区还是人工智能社区都具有较强的先进性、引领性和标杆性，特别是 B 街道“AI+社区”已经被纳入全国人工智能社区建设试点，项目建设的成功能够充分彰显政府基层治理绩效，在全社会树立良好的政府形象。其次，承担项目的技术企业能够获得较大的商业利益和市场竞争力。两个案例项目的实施均是通过政企合作的形式完成。A 镇智慧社区由 C 公司负责项目的开发与运营，B 街道“AI+社区”则由 20 余个企业负责实施。调研中了解到，承担两个项目建设的公司绝大多数是处于初创期的本地科技企业。承接政府项目是企业发展的有利契机和平台，有助于企业借此机会开发新产品、提升市场占有率和综合竞争力。第三，社区居民是创新项目的用户和最终受益者。从功能设计来看，A 镇智慧社区和 B 街道“AI+社区”所开发的应用和场景在于服务社区居民。A 镇智慧社区 App 是一个融合了智慧政府、智慧公共服务、智慧商业服务等为一体的智慧社区掌上微服务平台。

B街道"AI+社区"开发了康养、物业、文体、政务、金融、出行、商业等与社区百姓生活紧密相关的人工智能应用场景。两个项目建设的应用和场景能够便利群众生活，提高居民对社区治理和服务的获得感和满意度。招募和动员环节中核心行动者通过不同的策略将其他行动者纳入社区治理智能化创新项目所形成的行动网络。A镇智慧社区建设中，A镇政府一方面与C公司签订了合作协议，将项目建设运营权责委托给C公司，另一方面通过几轮的培训、宣传和动员在社区自治组织和社区居民中推广社区App，提高装机率和使用率。B街道"AI+社区"建设中，C区科委和B街道与20余个企业展开合作，委托企业对30个人工智能场景进行开发。项目建成后，B街道又面向社区居民开展培训和体验，并在S市人工智能大会上将B街道"AI+社区"建设向全社会进行宣传，扩大其影响力。

三、技术悬浮型治理面临的困境与挑战

A镇智慧社区与B街道"AI+社区"建设虽然成功完成了项目的开发并投入运营，取得了一定创新成效，但是总体上看两个社区治理智能化实践探索依旧面临着诸多困境，其共性在于数字化智能化技术工具没有与我国社区治理实际需要有机结合，技术应用难以解决社区治理的现实难点与痛点问题，技术未能有效嵌入社区治理体制机制，而处于技术与治理彼此割裂的"悬浮"状态。具体来说，在政企权责配置、智能应用设计、居民自治与资源保障等方面均存在明显的短板和不足。

一是政企合作中权责配置不够合理。社区治理智能化项目具有较强的技术性和专业性，因此，一般采取政企合作的方式开发建设。

在项目推进过程中，政府与企业的权责配置尤为关键。不同于一般的商业应用，城市社区治理智能化应用要服务于公共利益、有利于社区治理效能的提升、能够满足社区居民的需求，这就要求政府在项目实施中要始终发挥主导作用，对项目的进程安排、方案设计、运营管理实施全面有效的控制。在技术悬浮型治理的两个案例中，政府和企业权责的错配是面临的重要问题，也是制约创新项目取得实效的重要因素。例如，在A镇智慧社区建设中后期，由于A镇政府人事变动和工作重心的转移造成项目的运营完全交给技术企业，运营成效较项目建成初期明显不足。在B街道“AI+社区”建设中，参与建设的企业较多，不同应用场景分别交由不同企业开发，这导致政府与企业的协调成本较高，不同企业与政府难以达成高度一致。加之政府在智能技术方面不具备专业性，企业往往在项目实际开发运营中占据主导权，在一定程度上会背离政府实施社区治理智能化建设的初衷和目标。

二是智能应用设计存在局限。社区治理智能化探索能否成功关键在于所开发的智能应用是否满足社区治理需求。A镇智慧社区与B街道“AI+社区”建设之所以出现技术悬浮于治理主要原因在于应用设计存在不足。A镇所研发的社区服务App在投入运营初期用户反馈较好，吸引了大量粉丝。但是随着项目运营的展开，A镇社区服务App被功能更为全面、公众使用率更高的软件所替代，而A镇没有及时对其产品进行转型升级，最终导致项目效果不佳。而B街道“AI+社区”建设开发了30个应用场景，涵盖了几乎全部社区居民生活的方方面面，但是有些场景设计过于复杂艰深，对于以老年人为主体的使用者来说不够友好，而在应用设计中缺少适老化和无障碍的技术考虑，造成智能化应用的使用率和用户体验不够理想。有些智能应用看起来有趣高端，但是对于社区治理的痛点、难点问题却无能为力。例如，访谈中有居民反映："希望社区智能化建设能够有效解决停车难、电动汽车充电桩不足等现实问题。"还有居民提道："智能问诊机器第一次使用感觉很新鲜，但是并不会长期使用，看病就医更愿意相信实体医院的医生。"

三是智能化创新资源保障不足。社区治理智能化建设需要大量的人财物资源投入。首先，在资金方面，A 镇智慧社区与 B 街道"AI+社区"建设均由政府财政资金进行投资建设。随着项目的推进，管理、运营、维护与升级的成本压力逐步显现，仅仅依靠政府单方面的资金注入显然难以充分满足项目的需要，容易导致创新项目虎头蛇尾、难以持续。A 镇社区服务 App 仅仅是其智慧社区建设的一期项目，而一期建成之后 A 镇智慧社区未能按照原方案持续推进，资金不足是重要原因之一。其次，基层政府公务员专业背景和技术能力难以满足开发智能应用的技术要求，且基层政府普遍面临编制不足、人手短缺的问题。调研中了解到，A 镇智慧社区与 B 街道"AI+社区"建设均没有配备专职公务员负责，人力资源数量和专业性上的不足导致项目难以持续深入推进。最后，城市社区治理智能化建设涉及面广，需要多个政府部门以及相关国有企事业单位的协同配合。例如，智能社区政务服务的开展要以相关政府部门数据共享为前提，而社区智慧康养则需要政府与公立医院实现协同。单纯依靠基层政府难以协调调动分散在各个组织和部门的资源，这导致社区治理智能化建设往往依靠辖区政府单打独斗，难以形成强大合力，对创新成效构成不利影响。

第八章　城市社区治理智能化的发展建议

第一节　强化党建引领，筑牢城市社区治理智能化政治基础

城市社区治理智能化建设是新的时代背景下信息技术驱动的基层社会治理创新探索。创新的成效受到诸多因素影响，社区党组织在创新过程中的作用发挥是其中的首要因素。习近平总书记指出："提高社区治理效能，关键是加强党的领导。"党的领导是新时代中国基层社会治理最典型的特征。党领导基层社会治理的主要机制是"党建引领"[①]。在我国社区建设中党建引领社区治理创新具有深刻的制度与实践逻辑。党章第三十三条规定：街道、乡、镇党的基层委员会和村、社区党组织，领导本地区的工作和基层社会治理，支持和保证行政组织、经济组织和群众自治组织充分行使职权。2017

① 祝灵君．党领导基层社会治理的基本逻辑研究［J］．中共中央党校（国家行政学院）学报，2020，24（4）：37-45.

年中共中央、国务院印发的《关于加强和完善城乡社区治理的意见》中提出“充分发挥基层党组织领导核心作用。把加强基层党的建设、巩固党的执政基础作为贯穿社会治理和基层建设的主线，以改革创新精神探索加强基层党的建设引领社会治理的路径”。2019 年中共中央办公厅印发的《关于加强和改进城市基层党的建设工作的意见》中提出“充分发挥街道社区党组织领导作用，有机联结单位、行业及各领域党组织，构建区域统筹、条块协同、上下联动、共建共享的城市基层党建工作新格局”。2021 年中共中央、国务院印发的《关于加强基层治理体系和治理能力现代化建设的意见》中提出“加强乡镇（街道）、村（社区）党组织对基层各类组织和各项工作的统一领导，以提升组织力为重点，健全在基层治理中坚持和加强党的领导的有关制度，涉及基层治理重要事项、重大问题都要由党组织研究讨论后按程序决定”。从实践上看，党的十八大以来，党建引领基层社会治理的探索在全国各地普遍兴起。加强基层党建，发挥街道和社区党组织的引领作用越发成为各地社区治理创新实践的核心主题和普遍做法。本书中所提到的案例中，作为增能赋权型治理代表的 B 区“社区通”和 X 区“掌上云社区”两个较为成功的城市社区治理智能化创新案例均体现了鲜明的党建引领特征。因此，各地在探索社区治理智能化建设中要把坚持党的领导贯穿创新全过程，以党建引领为主线筑牢社区治理智能化坚实政治基础。

一是强化政治引领。社区治理智能化建设中要始终凸显党建政治引领作用，为创新实践指明方向，充分发挥基层党组织的政治功能。政治功能是基层党组织首要职能和基本功能，决定着基层党组织建设的方向和效果，关系到中国共产党在基层的执政基础和能力。

突出基层党组织政治功能的实质是坚持以人民为中心，坚持立党为公、执政为民的价值理念和行动指向，实现中国共产党党性与人民性相统一。① 要加强服务型基层党组织建设，将社区治理智能化建设作为信息化智能化时代背景下基层党组织加强与人民群众联系，倾听群众诉求与呼声、解决群众切实困境和问题的重要渠道与载体。要将党的宣传思想工作嵌入社区治理智能化创新实践，主动占领社交媒体、手机 App 等信息传播平台，采取符合互联网传播规律的手段和机制宣传习近平新时代中国特色社会主义思想，对社区居民特别是青少年开展理想信念教育，积极培育社会主义核心价值观，弘扬良好家风家教，在引导和动员居民参与社区公共事务、开展网络协商与建言献策过程中注重引领正确舆论导向，树立党在人民群众心中的良好形象。

二是强化组织引领。在城市基层社会治理中，党组织是领导核心，是将各种治理力量凝聚到基层社会治理中的黏合剂，基层党建的组织引领体现在将党组织的意图转变为各种治理主体参与基层社会治理的动力和目标。党建的组织引领就是善于把党组织的主张转换为各种治理主体的目标，将各种治理主体的自发行动转化为集体行动。② 城市社区治理智能化建设通常涉及多元参与主体，这其中既有传统社区治理的三驾马车——居委会、业委会和物业公司，还包括城管、公安、民政等政府职能部门，以及具体负责施工与运营的技术公司。这些异质性较强的主体以项目制的形式共同推进工作，形成社区治理智能化建设的行动网络。多元主体难以有效协同、形

① 周光辉，王海荣，彭斌．突出政治功能：新时代基层党组织建设内涵、意义与实践路径分析［J］．理论探讨，2019（3）：125-130.

② 曹海军，刘少博．新时代“党建+城市社区治理创新”：趋势、形态与动力［J］．社会科学，2020（3）：12-20.

成合力是智能化创新项目面临的普遍问题。基层党组织可以通过发挥党建组织引领优势破解协同难题。街镇和社区党组织要靠前一步、主动作为，以推进社区治理智能化建设为契机和抓手，全力延伸党的触角、吸引和带动各类项目参与主体主动团结在党组织周围。可以借助区域化党建、支部结对共建、培养入党积极分子等形式密切联系、增进感情、凝聚共识，推动多元主体横向共建和纵向互联，逐步形成党组织领导下城市社区治理智能化共建共治共享格局。

三是强化能力引领。党的十九大报告中将能力不足危险列为党在新时代面临的四大危险之一。伴随着我国经济社会迅速发展和新科技革命的来临，社区治理特别是超大特大城市社区治理面临的情况越发复杂，矛盾与风险持续增加，这对于作为社区治理骨干的街道与社区干部构成了极大挑战。通过对当前各地开展的社区治理智能化实践的观察不难发现，在我国社区一线工作的干部对于移动互联网、物联网、大数据、人工智能等新一代信息技术的认知和运用能力存在比较明显的不足。对于应用信息技术优化和改进传统社区治理方式还存在认识层面的误区和操作层面的短板。这些短板和不足对于持续有效推进社区治理智能化创新，引导和动员广大人民群众接受和使用社区治理智能化平台，实现社区治理模式变革构成现实障碍。因此，要发挥能力引领在推进社区治理智能化建设中积极作用。社区干部要树立互联网思维，准确认识智能化技术对提升社区治理效能的积极价值；要加强学习与实践，增强社区工作中运用智能化工具和平台的水平；要运用先锋示范机制，党员干部在提升自身业务能力与数字化智能化治理方式的匹配度上要起带头作用，带动更多干部群众积极投身于社区治理智能化建设，提升党领导下的基层社会治理效能。

第二节 推进协同联动，构建城市社区治理智能化共治体系

党的十九届四中全会提出："必须加强和创新社会治理，完善党委领导、政府负责、民主协商、社会协同、公众参与、法治保障、科技支撑的社会治理体系，建设人人有责、人人尽责、人人享有的社会治理共同体，确保人民安居乐业、社会安定有序，建设更高水平的平安中国。"这一重要论述体现了当前党领导下多方参与、共同治理的社会治理科学理念。这是我国社会治理发展理念的重大创新，顺应了新的时代背景下我国社会治理面临的新形势新任务新挑战，是有效破解我国社会治理难题的必由之路。社区治理是社会治理的基本单元，广泛应用新一代信息技术推进社区治理智能化建设是创新社会治理，推进我国社会治理体系与治理能力现代化的新路径和新机制。城市社区治理智能化建设具有跨界性、关联性、复杂性特征，基层党组织、政府、社区自治组织、物业公司、科技公司、社区志愿者、居民等多元主体在其中均发挥重要作用，单独依靠基层党委政府难以实现创新效能最大化，也难以满足多元异质的社区治理需要。当前我国社区治理面临的最大难题就是治理主体之间难以有效协同、形成合力。因此，新的时代背景下智能化技术驱动的社区治理创新必须勇于面对并有效破解传统社区治理协同难题，通过深入推进多元主体融通联动，打造社区治理智能化共建共治共享的协同创新共同体。

一是要治理理念协同。人类正处于以大数据、物联网、人工智能等新一代信息技术为核心的第四次工业革命浪潮之中。数字化智能化技术改变了人类社会生活的方方面面，推动了传统社会治理模式的变革与创新。社区治理智能化是适应新技术革命和时代发展的创新探索，是当前和未来我国社区发展建设的方向。社区治理智能化对社区治理带来的变革不仅仅体现在治理手段和工具上，更为重要的是社区治理智能化颠覆了传统社区治理思维和理念。传统社区治理中政府占绝对主导地位，决定着治理目标、方式与过程，这造成社区治理理念具有等级制治理结构、严密性治理规则和行政化治理工具的科层制特点。社区治理智能化模式在治理理念上与传统治理具有显著的不同，强调互联网思维、扁平化结构与敏捷性治理。但在对当前社区治理智能化创新实践的观察中发现，有些社区的组织和个人的理念和思维尚停留在前互联网阶段，日常工作和突发事件应对中习惯于运用行政命令和人海战术，对新兴技术的发展和应用不信任、不适应、不习惯。因此，社区治理智能化建设中各相关参与主体要紧跟时代发展潮流，摒弃固有观点和习惯性思维，深化对新一代信息技术的认知，实现治理理念的协同。要认识到新科技革命是时代发展的必然，社区治理数字化智能化转型是社区治理不可逆转的发展趋势；要认识到合理运用互联网、物联网、大数据、人工智能等新一代信息技术能够极大程度地优化社区治理方式，提升治理效能；要认识到信息技术需要结合社区治理实践经验并植根于社区治理具体场景才能发挥其功能，破解传统治理难题；要认识到信息技术具有双刃剑效应，加强技术运用的同时对于可能带来的负面效应与风险要保持警惕。

二是要治理平台协同。伴随着信息技术的发展和电子政府的建设，我国社区治理实践中出现了诸如人口管理、民政服务、网格化管理、社会保障等各类平台，社区治理进入平台化治理时代。平台治理源于平台政府的概念。国外学者欧瑞利（O’Reilly）最先提出政府即平台（Government as a platform）理念引发全球广泛关注和热烈讨论。世界上很多国家宣称正在推进平台政府建设。① 平台治理具有数字化、感知性、互动性、无界性和智慧化特征，能够更好地适应数字时代的技术要求、治理压力与民众需求等综合挑战，形成与技术共进的全新治理模式。② 平台化社区治理在提升社区治理决策科学性、风险识别精准性和问题处置满意度的同时依旧面临着协同难题。不同部门建设的多个平台、多个系统、多个应用之间数据难共享、技术难兼容、流程难统一、服务难标准。因此，社区治理智能化建设中急需建设统一标准的社区治理智能化管理服务体系实现平台协同与共治。社区治理智能化体系旨在运用技术手段推进党建引领下的社区治理创新，实现提升社区管理与服务效能的提升，具体包括三大平台。一是党建服务平台。党建服务平台是社区党群服务的中枢，位于社区治理智能化体系的核心位置，包括宣传学习、党务管理、党建活动、数据统计等版块。二是民意采集平台。民意采集平台整合汇聚社区人口信息库、居民行为感知数据以及社区参与、互动与评价平台数据，运用大数据分析实现居民人口特征画像和社区服务需求识别。三是决策处置平台。决策处置平台用于社区管理

① 北京大学课题组，黄璜．平台驱动的数字政府：能力、转型与现代化［J］．电子政务，2020（7）：2-30.

② 陈水生．数字时代平台治理的运作逻辑：以上海“一网统管”为例［J］．电子政务，2021（8）：2-14.

者实时感知、识别与处置治理风险与问题，对接城市“一网统管”平台实现上下联动，通过物联感知与数据汇聚高效研判和处置社区管理中突发事件与问题。

三是要治理机制协同。社区治理智能化建设包括政府、市场与社会三方力量，涉及基层党组织、政府部门、社区自治组织、企业等多元主体。多方合作过程中由于制度规则、组织文化、治理结构等治理机制的差异导致的协同困境，严重制约了创新取得理想效果。要打造社区治理智能化创新共同体就要实现多元主体治理机制的协同。要建立常态化的沟通机制，不同主体之间对于智能化创新项目的目标、方案与实施方式可能会产生分歧，要进行持续深入的交流，通过换位思考和平等对话形成共识；要建立切实有效的利益共融机制，让社区治理智能化建设成为加强和改进社区工作的“神器”，满足政府、企业、社区自治组织等多元参与主体的需要和诉求，通过建立多方共赢的稳定合作关系确保创新的可持续性；要建立数据与信息的共享机制，通过制度设计、体制调整与沟通交流打通不同部门间不同组织之间的信息孤岛与数据壁垒，以数据与信息共享为抓手促进多元主体的共治与共赢，通过实时汇聚与分析社区治理多维度多来源多种类的大数据提升社区治理研判与决策的科学性；要建立合理有效的考核监督机制，通过考核监督全面系统掌握社区治理智能化建设中多元治理主体履责尽职情况，借助考核监督的反馈结果有针对性地加强与改进工作，但要注意考核监督切忌过度化、形式化与留痕化，避免对社区工作者造成新的负担。

四是要治理资源协同。传统社区治理模式下资源整合能力不足是长期制约治理成效的难题。开展社区治理智能化建设需要投入大量人财物资源，创新项目的运营与迭代升级也需要持续的资源投入。资源投入不足是当前各地社区治理智能化创新面临的普遍挑战，也是导致创新成效不佳、可持续不足的症结所在。因此，推进社区治理智能化建设中不同治理主体要发挥自身资源优势，形成治理合力，为社区治理智能化汇聚多方面力量。基层党委政府要借助行政权力切实推进治理资源下沉，满足社区人财物需求，为基层社区赋能；社区居委会业委会等自治组织要发挥密切联系群众、擅于发动群众的组织优势，深入挖掘蕴含于社区居民中的社会资本、情感资源与治理智慧，培育更多社区能人、好人与热心人，为社区治理智能化建设增添有生力量；社会组织要发挥自身特长与优势积极参与社区治理智能化建设，加强运用新一代信息技术的意识和能力，在社区智慧养老、智慧医疗、智慧托幼、智慧文体等领域苦练内功，提供更多智能化精准化个性化的社区服务；企业要发挥自身专业技术优势和资本优势，开发更多适用于社区治理需要、能够切实解决社区治理难题的场景与应用，探索建立能够实现可持续发展的新兴业态与市场化运营机制，把社区治理智能化项目发展成为高科技企业特别是中小企业技术创新与活力释放的舞台。

第三节　对接现实需求，实现城市社区治理智能化供需平衡

开展城市社区治理智能化建设的目标和归宿是通过将新一代信息技术应用于社区治理实践提升治理效能，重点在于解决长期以来

我国社区治理存在的如风险感知不及时、问题处置能力弱、居民自治程度低、居民获得感满意度不高等痛点与难点问题。换言之，城市社区治理智能化创新探索不能是建造空中楼阁，不能是锦上添花，更不能是徒有其表的点缀与作秀，创新项目的目标、方案与实施要与我国当前社区治理实际情况相适应，切实对接社区治理现实需要。党的十九大报告指出，新时代社会的根本矛盾是人民日益增长的美好生活需要和不平衡不充分的发展之间的矛盾。新时代我国社会主要矛盾的变化意味着社会治理需要转型升级，要围绕满足人民美好生活需要而展开，实现人民群众的美好生活是社会治理的目标指向。2019 年 11 月，习近平总书记在上海考察时指出，“城市是人民的城市，人民城市为人民”“让人民有更多获得感，为人民创造更加幸福的美好生活”。社区是城市社会治理的基本单元。当前的社区治理最迫切的现实需要就是通过创新治理机制满足社区居民对美好生活的追求，打造和谐幸福的宜居家园，让居住在此的人民群众有更多获得感。因此，城市社区治理智能化建设同样要围绕如何实现这一根本需求进行谋划与推进。

一是要运用智能化技术全面了解和识别社区居民真实需求。党的十九届四中全会提出：“要推动社会治理和服务重心向基层下移，把更多资源下沉到基层，更好提供精准化、精细化服务。”社区服务精准化是指以社区居民服务需求为导向，实现由过去指令式、粗放型的服务模式转变为精细化、集约型的服务模式，以增加社区公共产品与服务的有效供给。[①] 当前难以准确全面了解和识别社区居民对

① 陈秀红．城市社区治理的制度演进、实践困境及破解之道——“十四五”时期城市社区治理的重点任务［J］．天津社会科学，2021（2）：75-79.

于社区服务的真实需求是社区治理面临的难题，也是社区治理智能化建设中需要运用技术手段加以解决的重要问题。传统治理模式下，基层公共服务供给采取自上而下政府主导、居民被动接受的方式，决策主要依靠社区统计数据、入户走访调研、召开座谈会等，数据的实时性、准确性和代表性不足可能导致决策偏差，进而带来社区公共服务难以瞄准居民需求。服务需求精准识别包括真实度、全面度、准确度、便捷度与及时度等5个方面要求①，传统社区治理模式下的居民需求信息收集方式难以实现。因此，要充分利用互联网、云计算、物联网、人工智能等技术，及时捕捉、科学辨识、快速整合社区居民公共服务需求，解决信息不对称问题，实现社区服务供给的精准化。首先，要对各种结构化与非结构化公共服务需求数据进行抽取与集成。一方面，各类基于互联网与物联网的系统和传感器所积累的结构化数据是大数据分析的重要数据来源；另一方面可以通过特定编程工具与数据算法将自然语言等非结构化数据进行机器语言转化，同时关联聚合对应数据，用给定标准进行数据的结构化存储。② 其次，要采取深度学习、人工智能、分布式计算、数据可视化等技术和数据追踪方法对社区公共服务居民需求大数据进行大数据关联性整合分析，精准刻画居民对社区公共服务使用轨迹和偏好，合理确定社区公共服务供给内容的形式、范围、数量和质量在空间和时间上配置的合理性，同时实现细分需求群体，为不同需求人群定制个性化社区公共服务。

---

① 容志．大数据背景下公共服务需求精准识别机制创新［J］．上海行政学院学报，2019，20（4）：44-53.

② 党秀云，杜男杰．大数据在公共服务需求识别与精准供给中的应用研究［J］．中共福建省委党校学报，2019（5）：62-70.

二是要通过科学设计智能化场景和应用优化提升社区治理效能。社区治理智能化建设的关键是将新技术与我国城市社区治理真实情境和现实需要进行有机结合，研发出更多接地气的社区治理智能化场景和应用，以高质量的用户体验提高社区居民的满意度和获得感，以便捷实用的管理体验提高社区工作者的工作效率。新的时代背景下，我国社区具有居民密度高、人口特征异质性强、社区居民权利意识持续增长但社区参与积极性不足、社区治理资源普遍不足等特征。这些社区治理的典型特征带来了长期以来我国社区治理中面临的诸如居民不文明行为、物业管理失范、业委会建设弱化、居民自治不足、邻里关系不睦等难题。经过不断探索和尝试，当前各地社区治理智能化建设实践中已经应用智能化技术针对高空抛物、独居老人看护、消防预警、小区安防、业委会选举等问题开发了相应的场景与应用程序，取得了明显的成效。但是，已有的社区治理场景与应用相比于商业化开发还不够多元，使用体验上还不能让用户感到满意。因此，要采取多种切实有效措施大力推进城市社区治理智能化场景与应用的研发工作。要加强政策支持力度，引导更多技术企业在社区治理场景和应用上投入研发力量、开发高质量多元化产品；要建立多元合作机制，促进企业技术优势、政府制度优势与社区自治组织实践优势在社区治理场景和应用开发上实现互补与结合；要集中多方智慧，在场景与应用设计中要积极吸纳社会组织、居民、物业企业等社区治理相关主体的意见和建议，使社区治理智能化产品更加贴近社区治理现实；要避免加剧数字鸿沟，社区治理智能化场景和应用设计与建设中要注重优化老年人等运用智能技术困难人群的使用体验，实施社区治理智能化产品适老化改造与无障碍服务，保护弱势群体平等享受社区公共服务的权利。

三是要运用智能化技术对社区治理智能化建设成效实施评估和反馈。社区治理智能化建设是否能够满足社区居民对美好生活的需求、提高城市社区管理与服务效能需要对建设结果展开准确客观的绩效评价。社区治理智能化绩效评价不仅是评判工作推进情况的依据，更重要的是可以作为改进和完善社区治理智能化未来建设的依据。然而，当前对于社区治理智能化建设绩效评估还不够重视。调研中了解到，当前工作中较多采取两种方式对社区治理智能化建设进行评价。一种方式是建设主体对工作情况进行主观评价与总结，这种方式侧重于对工作结果进行正面宣传，经常存在夸大成绩的倾向；另一种方式是基层政府对各个社区进行定量考核与排名，这种方式考核指标较为客观，但会对社区干部带来负担，同时容易滋生数字造假、打卡留痕等形式主义现象。开展社区治理智能化评估同样应该抛弃旧观念、改变旧做法，积极运用新的技术手段和工具。基于大数据建构多维度、多指标、多渠道的绩效评估与反馈体系可以对公共服务成效进行科学合理及时的反馈与评价①，提高评价信息收集的实时性、精准性、客观性、整体性，促进社区治理智能化建设形成完整的闭环管理。要对社区治理大数据资源进行充分挖掘和利用，将各类社区政务数据、调查数据、物联网数据和公共服务数据统一纳入绩效评估数据库，通过数据汇聚与分析掌握各类智能化应用与服务的用户使用频率与偏好；要建立线上线下相结合的社区治理智能化用户评价体系，及时收集社区居民、社区管理者、物业

① 张新生．创新社会治理：大数据应用与公共服务供给侧改革［J］．南京社会科学，2018（12）：66-72.

公司等社区服务对象与社区治理一线工作人员对于社区治理智能化建设的主客观评价和真实感受；要探索引入第三方评价机制，通过邀请高等院校、科研机构等专业性组织开展系统性绩效评价，对社区治理智能化建设进行全面了解与诊断，以此作为工作改进与资源投入的决策依据。

第四节 扩大试点推广，加速城市社区治理智能化经验扩散

随着新一代信息技术在城市社区治理中的广泛应用，近年来我国城市社区治理智能化建设已经从早期个别经济发达地区社区的零星探索逐步发展成为各地社区治理的普遍做法。社区治理中形式多样的各类智能化创新实践如雨后春笋般涌现，成为当前我国基层治理一道亮丽的风景线。本书中重点选取了 8 个城市社区治理智能化案例只是当前我国各地为数众多的创新实践的代表。这些积极的实践探索构成了我国信息技术驱动的社区治理创新潮流，引领了当前和未来中国特色城市社区治理的发展方向。当然，相对于我国县级以上城市总体来说，已经开展智能化创新探索的社区仍旧是少数。未来我国城市社区治理智能化建设的重点之一就是从现阶段少数城市的“点上开花”走向全国城市范围的“花团锦簇”，最终实现构筑覆盖全国城乡社区的智能化治理网络。2017 年中共中央、国务院出台的《关于加强和完善城乡社区治理的意见》中指出要广泛宣传城乡社区治理创新做法和突出成效，及时总结推广城乡社区治理先

进经验。2021 年中共中央、国务院出台《关于加强基层治理体系和治理能力现代化建设的意见》中指出要健全基层智慧治理标准体系，推广智能感知等技术。因此，城市社区治理智能化建设中需要及时总结当前各地各类地方试点做法，形成可复制、可推广的创新经验，加快社区治理智能化创新由点到线、由点到面的扩散。

一是积极开展城市社区治理智能化创新试点。政策试点是具有中国特色的国家治理机制。政策试点是指为了实现特定的目的或解决特定的问题，依据一定的规划设计，由少数政府、部门或单位开展的实践尝试，以此为正式的、全面的政策制定提供方案和经验。它特指那些具有明确目标、自上而下展开的、由不同层级政府协调实施的政策试验。[①] 试点的价值在于通过小规模渐进式的政策试验检验创新政策的实际效果，一方面可以避免大规模和激进式改革带来的风险，同时有利于积累试点地区的典型经验。当前我国社区治理智能化建设中有一些创新案例就是国家或地方政府政策试点的成果。如本书中 S 市 L 街道“社区大脑”案例是国家发改委数字经济试点重大工程中的大数据与城市精细化管理项目之一。但总的来说，社区治理智能化试点机制应用还不够充分，政策试点对于积累创新经验的优势还需要进一步发挥。要从顶层设计层面建立政策试点制度安排，民政部等相关国家部委可以牵头在全国范围内开展城市社区治理智能化建设工程，鼓励各地城市社区开展试点探索。在试点方式选择上可以采取多种形式：第一种是自主探索试点模式。试点地区社区根据自身实际自主设计并实施差异化试点方案，经过一段时

① 赵慧．政策试点的试验机制：情境与策略［J］．中国行政管理，2019（1）：73-79.

间的建设最终形成各具特色、百花齐放的社区治理智能化实践。这种试点方式有利于对不同治理模式的比较择优，但由于试点方案的多样性，有些地区可能面临“试错”的失败风险。第二种是单一方案多地试点模式。这种模式的前提是已经具备一种较为成熟的社区治理智能化创新方案。试点的目的是通过将该方案在不同地区应用检验方案的普适性。第三种是多方案单一地区试点模式。某一试点城市或地区同时试验多种社区治理智能化方案，进而对不同方案效果进行比较。这种模式的目的是在控制城市或地区之间差异的基础上确定不同创新方案的优劣。在试点的选择上要注重覆盖各类城市和社区，既要选择在社区治理创新和城市数字化转型发展中具备优势资源和条件的经济发达城市，借此树立标杆、打造亮点，迅速形成可复制、可推广的先进经验，也要选择经济社会发展相对一般的城市，鼓励其探索适合大多数城市发展水平的智能化治理模式，避免创新出现马太效应。同时，在一个城市试点社区的选择上既要有商品房为主的新社区，也要包括老公房为主的老旧社区以及位于城市边缘地区的村改居社区，通过在各种各类社区的试点探索检验不同类型社区治理智能化方案的实际效果，最终形成适合不同社区特点的最优化治理模式。

二是加快城市社区治理智能化试点经验推广。“试点—推广”是具有中国特色的渐进式改革模式，在实施过程上包括选择试点、实施改革、总结经验、推广经验等阶段。我国城市社区治理智能化建设要合理运用“试点—推广”机制，注意做好各阶段工作。目前城市社区治理智能化实践中前两个阶段的工作得到较多重视。各地区基层政府积极主动在“点”上开展形式多样的自主创新探索，以建设项目的独特性和与众不同打造创新的亮点。这种自主分散的试点模式虽然有利于形成百花齐放的创新模式，但是存在过度求新求异的弊端，一方面容易造成创新脱离实际、难以持续，另一方面不利于积累总结典型经验，实现成功模式的复制与推广。研究认为，一个完整的“试点—推广”过程包括中央政府、试点实施方、成果学习方这样一个三元参与结构，当前较为重视试点的实施，而忽略了上级政府对于试点成果的推广以及非试点地区对于试点成果的态度与行为。[①] 因此，未来我国城市社区治理智能化建设中在积极试点的基础上要更加注重积累各类建设经验，并推进由点到面的推广与扩散。第一，试点地区要加强积累和总结可复制、可推广的经验。试点地区在开展城市社区治理智能化探索时不能仅仅关注创新的独特性，还要充分考虑创新做法对不同类型社区的适用性。在对自身经验与模式进行总结的过程中可以通过编制建设指南的方式将自身创新的特点、优势与实施步骤进行全面系统梳理，以利于其他地区进行学习借鉴。第二，上级政府要加强对试点地区经验的推广力度。一方面，试点地区上级政府要通过召开会议、审阅材料和实地调研等多种方式及时了解各个试点地区城市社区治理智能化工作进展，准确掌握真实客观的建设成效，通过对各类试点地区做法进行比较与研究形成适用于不同城市、不同社区的建设经验。另一方面，试点地区上级政府要对比较成熟的经验进行大力宣传，分阶段、分步骤地推动好经验好做法从试点地区向其他地区进行扩散。第三，非试点地区要积极学习借鉴优秀经验。非试点地区的社区积极学习借

① 周望．如何“由点到面”？——“试点—推广”的发生机制与过程模式［J］．中国行政管理，2016（10）：111-115.

鉴社区治理智能化建设先行先试地区的宝贵经验，可以有效降低创新实施的试错成本、规避创新失败的风险。研究认为，学习与模仿是政策创新扩散的重要机制。非试点地区可以采取多种方式进行学习：一种方式是向地理位置邻近的先进试点地区学习，其优势是方便快捷；第二种方式是向社区规模、结构、基础等特征比较类似的先进试点地区学习，其优势是试点经验对学习方的适用性与匹配度较高；第三种方式是向各种类型先进试点地区进行广泛学习，其优势是不拘泥于一种创新模式，有利于在学习的基础上对他人经验进行因地制宜地优化与再创新。第四，非试点地区在学习借鉴过程中要避免盲目跟风模仿。参考他人经验存在学习借鉴与跟风模仿两种基本方式。学习借鉴他人经验能提高自身创新成功的概率，而盲目模仿跟风不仅可能损失创新效率，还会造成资源浪费，甚至削弱创新主体的合法性。研究认为，当“参考他人经验”发生于议程设置之前时，可以判断这是一种“跟风模仿”行为。这意味着创新者并没有待解决的问题或是对问题没有进行深入分析，创新只是艳羡其他地区的先进经验。① 因此，非试点地区要全面系统分析自身社区治理的现实情况和面临的难点问题，在对实施社区治理智能化建设必要性进行准确评估的基础上选择最适合自身的创新经验进行有针对性地学习与借鉴。

① 刘伟．学习借鉴与跟风模仿——基于政策扩散理论的地方政府行为辨析［J］．国家行政学院学报，2014（1）：34-38.

结　语

城市社区治理智能化是新的时代背景下我国社会治理的发展趋势，是顺应第四次科技革命，利用新一代信息技术创新城市社区治理模式、推进社区治理现代化建设的发展方向。当前，全国各地城市将互联网、移动互联网、大数据、物联网、云计算、人工智能等智能化技术广泛应用于社区治理实践并积累了丰富的经验。经验世界五彩缤纷的创新成果呼唤理论层面客观理性的回应和思考。本着基于中国故事丰富本土化公共管理理论的学术追求，本书尝试对当前城市社区治理智能化创新进行实证研究，从学理层面总结城市社区治理智能化的基本内涵、本质特征与不同类型，提炼城市社区治理智能化创新的规律与逻辑，挖掘实践中存在的困境并对未来更好地推进城市社区治理智能化建设提出政策建议。

本书认为，城市社区治理智能化是指将新一代信息技术有效嵌入城市社区治理体系，基于各类社区信息系统和技术平台收集社情民意、回应公众诉求、解决矛盾问题、推动居民参与、化解社会风险，实现城市社区管理与服务的科学化、民主化、高效化与精细化的新型社区治理模式。城市社区治理智能化可以通过发挥政府主导作用和发挥居民自治作用两种发展路径实现健全社区治理体系、提升社区治理水平的治理目标。在系统回顾国家与社会关系、数字治理、公民参与、行动者网络等相关理论的基础上，本书根据政府主导和居民自治两个维度建构了城市社区治理智能化分析框架，并将我国各类城市社区治理智能化实践分为技术增能、技术赋权、增能赋权与技术悬浮四种类型。通过对 8 个城市社区治理智能化创新案例的实证分析，初步解释和验证了本书提出的分析框架。我国城市社区治理智能化建设虽然取得了显著成就，但在制度规范、协同共治、资源配置、治理效能等方面依旧存在不足。针对当前各类城市社区治理智能化实践困境的分析，本书从 4 个方面提出发展建议：强化党建引领，筑牢城市社区治理智能化政治基础；推进协同联动，构建城市社区治理智能化共治体系；对接现实需求，实现城市社区治理智能化供需平衡；扩大试点推广，加速城市社区治理智能化经验扩散。

本书将宏观视角规范化理论建构与微观视角实证案例研究相结合，展现了城市社区治理智能化的特征、模式与逻辑，丰富了信息技术视角下社区治理研究成果，有利于加深对我国当前各类基于新一代信息技术的社区治理创新实践的理解。由于社区治理智能化本质上属于一种基层治理创新现象，本书同时对于如何合理设计与实施创新方案，平衡城市社区治理中提升政府管理效果和促进社区居民参与之间张力，实现治理创新常态化与持续化，切实满足社区居民需要等方面具有一定启示意义。

当然，由于作者研究能力的局限，本书还存在诸多不足：一是在理论建构上，本书建构了城市社区治理智能化的类型学框架，但这一框架并未涉及不同创新类型的适用场景。事实上，不同的治理场景意味着不尽一致的技术要求，技术治理的限度恰恰在于单一治理技术与多元化的治理场景之间的矛盾。[①] 二是在案例选取方面，受限于资料来源和调研的可行性，本书无法全面考察当前我国开展的各类城市社区治理智能化实践。因此，所选择的案例可能存在代表性偏差。三是在实证分析方面，部分案例项目目前依旧在实施与不断优化过程中，未来发展方向和最终效果还存在较多不确定性，这在一定程度上可能会影响本文对案例判断的准确性。城市社区治理智能化是我国社区治理的发展方向和必然趋势，未来要在本书的基础上进一步在以下三个方面拓展和深化这一主题的研究：一是继续追踪现有案例，丰富与完善本书的分析框架与观点；二是纳入更多城市社区的案例，深入讨论不同城市社区治理智能化类型的适用条件与场景，对本书的框架和观点进行修正；三是伴随着我国乡村振兴战略的实施，尝试对农村地区社区治理智能化实践进行探索性研究并与城市社区开展比较研究，进一步丰富和发展中国特色社区治理智能化研究成果。

① 吕德文．治理技术如何适配国家机器——技术治理的运用场景及其限度［J］．探索与争鸣，2019（6）：59-67.

参考文献

一、中文著作

［1］邓正来．国家与社会［M］．北京：北京大学出版社，2008.

［2］费孝通．费孝通文集：第 15 卷［M］．北京：群言出版社，2001.

［3］简·E. 芳汀．构建虚拟政府：信息技术与制度创新［M］．邵国松，译．北京：中国人民大学出版社，2010.

［4］金太军，等．城市学概论［M］．广州：广东人民出版社，2008.

［5］林尚立．社区民主与治理：案例研究［M］．北京：社会科学文献出版社，2003.

［6］陆军，等．营建新型共同体：中国城市社区治理研究［M］．北京：北京大学出版社，2019.

［7］王巍．社区治理结构变迁中的国家与社会［M］．北京：中国社会科学出版社，2009.

［8］郁建兴．“最多跑一次”改革：浙江经验、中国方案［M］．北京：中国人民大学出版社，2019.

［9］张永理．社区治理［M］．北京：北京大学出版社，2014.

［10］赵毅旭．城市社区治理路径［M］．成都：四川大学出版社，2010.

二、中文译著

［1］本杰明·巴伯．强势民主［M］．彭斌，吴润洲，译．长春：吉林人民出版社，2006.

［2］布鲁诺·拉图尔．科学在行动：怎样在社会中跟随科学家和工程师［M］．刘文旋，郑开，译．北京：东方出版社，2005.

［3］丹尼·乔金森．参与观察法［M］．龙筱红，张小山，译．重庆：重庆大学出版社，2009.

［4］斐迪南·滕尼斯．共同体与社会［M］．张巍卓，译．北京：商务印书馆，2019.

［5］弗雷德里克·马特尔．论美国的文化［M］．周莽，译．北京：商务印书馆，2013.

［6］乔治·弗雷德里克森．新公共行政［M］．丁煌，方兴，译．北京：中国人民大学出版社，2011.

［7］卡罗尔·佩特曼．参与和民主理论［M］．陈尧，译．上海：上海世纪出版集团，2006.

［8］理查德·博克斯．公民治理：引领 21 世纪的美国社区［M］．孙柏瑛，译．北京：中国人民大学出版社，2005.

［9］罗伯特·帕克，等．城市：有关城市环境中人类行为研究的建议［M］．杭苏红，译．北京：商务印书馆，2016.

［10］罗伯特·殷．案例研究：设计与方法［M］．周海涛，史少杰，译．重庆：重庆大学出版社，2004.

［11］亚里士多德．政治学［M］．颜一，秦典华，译．北京：中

国人民大学出版社，2003.

[12] 约翰·克莱顿·托马斯．公共决策中的公民参与［M］．北京：中国人民大学出版社，2010.

[13] 珍妮特·登哈特，罗伯特·登哈特．新公共服务：服务，而不是掌舵［M］．于煌，译．北京：中国人民大学出版社，2004.

三、中文期刊

[1] 白红义，曹诗语．重塑新闻理论？——行动者网络与新闻研究的 STS 转向［J］．新闻大学，2021（4）.

[2] 鲍静，贾开．数字治理体系和治理能力现代化研究：原则、框架与要素［J］．政治学研究，2019（3）.

[3] 北京大学课题组，黄璜．平台驱动的数字政府：能力、转型与现代化［J］．电子政务，2020（7）.

[4] 蔡家麟．试论田野作业中的参与观察法［J］．云南民族学院学报（哲学社会科学版），1994（1）.

[5] 曹海军，刘少博．新时代“党建+城市社区治理创新”：趋势、形态与动力［J］．社会科学，2020（3）.

[6] 柴宝勇，周君玉．农村网格化管理政策执行研究——基于政策执行系统理论的实证分析［J］．中国行政管理，2020（1）.

[7] 常恩予，甄峰．智慧社区的实践反思及社会建构策略——以江苏省国家智慧城市试点为例［J］．现代城市研究，2017（5）.

[8] 陈柏峰，吕健俊．城市基层的网格化管理及其制度逻辑［J］．山东大学学报（哲学社会科学版），2018（4）.

[9] 陈锋，宋佳琳．技术引入基层与社区治理逻辑的重塑——基于 A 市 12345 政府服务热线的案例分析［J］．学习与实践，2021（4）.

[10] 陈福平，李荣誉．见“微”知著：社区治理中的新媒体[J]．社会学研究，2019，34（3）．

[11] 陈国营．公民参与研究述评：理论演变与焦点转移[J]．中共浙江省委党校学报，2010，30（1）．

[12] 陈慧荣，张煜．基层社会协同治理的技术与制度：以上海市A区城市综合治理“大联动”为例[J]．公共行政评论，2015，8（1）．

[13] 陈立文，赵士雯．智慧社区运营管理体系及平台构建研究——基于利益相关者视角[J]．当代经济管理，2018，40（8）．

[14] 陈莉，卢芹，乔菁菁．智慧社区养老服务体系构建研究[J]．人口学刊，2016，38（3）．

[15] 陈荣卓，刘亚楠．城市社区治理信息化的技术偏好与适应性变革——基于“第三批全国社区治理与服务创新实验区”的多案例分析[J]．社会主义研究，2019（4）．

[16] 陈水生．数字时代平台治理的运作逻辑：以上海“一网统管”为例[J]．电子政务，2021（8）．

[17] 陈秀红．城市社区治理的制度演进、实践困境及破解之道——“十四五”时期城市社区治理的重点任务[J]．天津社会科学，2021（2）．

[18] 戴祥玉，杜春林．行动者网络视域下农村公共服务的多元合作供给[J]．西北农林科技大学学报（社会科学版），2017，17（5）．

[19] 党秀云，杜男杰．大数据在公共服务需求识别与精准供给中的应用研究[J]．中共福建省委党校学报，2019（5）．

[20] 董石桃．基层协商民主中公民参与模式的理论模型与实践

样态［J］. 探索，2019（4）.

［21］董阳，陈晓旭. 从“极化”走向“理性”：网络空间中公共舆论的演变路径——百度百科“PX词条保卫战”的启示［J］. 公共管理学报，2015，12（2）.

［22］方蒸蒸，程晋宽.“焦点小组访谈”的比较教育研究方法意义［J］. 外国教育研究，2012，39（6）.

［23］付建军. 社区治理中的信息技术效率悖论及其形成逻辑——基于上海市J街道的实证分析［J］. 探索，2019（6）.

［24］高峰. 法治设计需与智慧社区治理同步［J］. 人民论坛·学术前沿，2020（3）.

［25］高翔. 建立适应数字时代的政府治理新形态［J］. 探索与争鸣，2021（4）.

［26］葛天任，裴琳娜. 高风险社会的智慧社区建设与敏捷治理变革［J］. 理论与改革，2020（5）.

［27］苟欢. 论现代社区治理中的民主追求、悖论与进路——兼评理查德·C. 博克斯的“公民治理”理论［J］. 甘肃行政学院学报，2018（3）.

［28］郭俊立. 巴黎学派的行动者网络理论及其哲学意蕴评析［J］. 自然辩证法研究，2007（2）.

［29］郭小聪，代凯. 近十年国内公民参与研究述评［J］. 学术研究，2013（6）.

［30］韩传峰. 基于区块链的社区治理机制创新研究［J］. 人民论坛·学术前沿，2020（5）.

［31］韩冬雪，胡晓迪. 社区治理中的小区党组织：运作机理与治理效能——基于党、国家与社会关系的研究［J］. 行政论坛，

2020, 27 (3).

[32] 韩兆柱，马文娟．数字治理理论研究综述 [J]. 甘肃行政学院学报，2016 (1).

[33] 韩志明．城市治理的清晰化及其限制——以网格化管理为中心的分析 [J]. 探索与争鸣，2017 (9).

[34] 何继新，何海清．城市社区公共服务智慧化供给治理：基本特质、标靶方向和推进路径 [J]. 学习与实践，2019 (4).

[35] 何继新，李露露．城市社区公共服务智慧化供给功能价值意蕴与建设模式设计 [J]. 海南大学学报（人文社会科学版），2019, 37 (4).

[36] 何继新，邵艳丽．社区公共服务智慧化供给三维立体模式及运行机制体系建构 [J]. 甘肃行政学院学报，2019 (1).

[37] 何雪松，侯秋宇．城市社区的居民参与：一个本土的阶梯模型 [J]. 华东师范大学学报（哲学社会科学版），2019, 51 (5).

[38] 洪进，余文涛，汪凯．基于“行动者网络理论”的中国生物制药产业技术的演化和治理研究 [J]. 中国科技论坛，2010 (11).

[39] 侯志阳，张翔．公共管理案例研究何以促进知识发展？——基于《公共管理学报》创刊以来相关文献的分析 [J]. 公共管理学报，2020, 17 (1).

[40] 胡杰成，银温泉．“十四五”时期完善城镇社区治理体制的思路与举措 [J]. 改革，2020 (7).

[41] 胡荣．社会资本与城市居民的政治参与 [J]. 社会学研究，2008 (5).

[42] 胡文木．强国家—强社会：中国国家治理现代化的结构模

式与实现路径［J］. 学习与实践，2020（2）.

［43］陈涛，孙宁华，徐松. 打造一体化智慧社区，破解基层治理“烟囱”［J］. 国家治理，2020（30）.

［44］黄晓春. 技术治理的运作机制研究——以上海市L街道一门式电子政务中心为案例［J］. 社会，2010（4）.

［45］黄徐强，张勇杰. 技术治理驱动的社区协商：效果及其限度——以第一批“全国社区治理和服务创新实验区”为例［J］. 中国行政管理，2020（8）.

［46］霍明，赵伟，张复宏. 社区信息化与农村社区协同治理研究——基于社会网络视角［J］. 情报杂志，2016，35（5）.

［47］纪江明，葛羽屏. 基于“三网一云”理念的上海智慧社区发展策略研究［J］. 城市发展研究，2016，23（8）.

［48］贾先文. 农村信息化建设中社区社会资本的作用［J］. 图书馆理论与实践，2011（10）.

［49］蹇洁，盛彧湛. 基于项目全生命周期的社区信息化建设评估研究［J］. 科技管理研究，2009，29（12）.

［50］姜晓萍，焦艳. 从“网格化管理”到“网格化治理”的内涵式提升［J］. 理论探讨，2015（6）.

［51］姜晓萍，张璇. 智慧社区的关键问题：内涵、维度与质量标准［J］. 上海行政学院学报，2017，18（6）.

［52］姜振华，胡鸿保. 社区概念发展的历程［J］. 中国青年政治学院学报，2002（4）.

［53］阚为，洪波. 协商民主如何嵌入中国民主治理场域——公民参与的视角［J］. 浙江学刊，2015（1）.

［54］康晓光，韩恒. 分类控制：当前中国大陆国家与社会关系

研究 [J]. 社会学研究，2005 (6).

[55] 康之国．“互联网+”时代社区公共服务供给模式创新研究 [J]. 天津行政学院学报，2019，21 (6).

[56] 兰旭凌．风险社会中的社区智慧治理：动因分析、价值场景和系统变革 [J]. 中国行政管理，2019 (1).

[57] 郎友兴．中国式的公民会议：浙江温岭民主恳谈会的过程和功能 [J]. 公共行政评论，2009，2 (4).

[58] 雷玉琼，苏艳红．地方政府数据开放平台发展模式及绩效差异 [J]. 中国行政管理，2020 (12).

[59] 李国青，李毅．我国智慧社区建设的困境与出路 [J]. 广州大学学报（社会科学版），2015，14 (12).

[60] 李玮．协同视角下政府数据共享的障碍及其治理 [J]. 中国行政管理，2021 (2).

[61] 李军鹏．基于“互联网+”的放管服改革研究——以江苏省“不见面审批（服务）”与江苏政务服务网建设为例 [J]. 电子政务，2018 (6).

[62] 李盛竹．促进城乡统筹的社区信息化发展战略研究 [J]. 图书情报工作，2009，53 (24).

[63] 李焱．城市社区服务信息化评价模型构建与指标体系研究 [J]. 电子政务，2013 (11).

[64] 李焱．中国社区信息化及其系统结构的框架研究 [J]. 电子政务，2012 (5).

[65] 李增元，刘枭林．信息化治理：农村社区治理技术创新及其实现途径 [J]. 社会主义研究，2017 (6).

[66] 李长远．“互联网+”在社区居家养老服务中应用的问题

及对策［J］. 北京邮电大学学报（社会科学版），2016，18（5）.

［67］李重照，黄璜．中国地方政府数据共享的影响因素研究［J］. 中国行政管理，2019（8）.

［68］梁丽．“十三五”时期北京市智慧社区建设创新发展研究［J］. 电子政务，2017（12）.

［69］梁艺琼，张媛．O2O 智慧社区平台用户满意度实证研究——以北京市丰台区方庄社区为例［J］. 中国管理科学，2016，24（S1）.

［70］林奇富，殷昊．反思互联网政治参与：代表性的视角［J］. 学术月刊，2020，52（10）.

［71］林曦．国家与社会相互赋权：中国社区治理的新型路径分析［J］. 东南学术，2019（6）.

［72］林雪霏．政府间组织学习与政策再生产：政策扩散的微观机制——以“城市网格化管理”政策为例［J］. 公共管理学报，2015，12（1）.

［73］刘安．网格化管理：城市基层社会治理体制的运行逻辑与实践特征——基于 N 市 Q 区的个案研究［J］. 江海学刊，2015（2）.

［74］刘灿华．社会治理智能化：实践创新与路径优化［J］. 电子政务，2021（3）.

［75］刘湖北，邢乐．社区管理升级转型：网格化管理走向网络化治理——基于 N 县的实证分析［J］. 江西社会科学，2017，37（7）.

［76］刘建军．社区中国：通过社区巩固国家治理之基［J］. 上海大学学报（社会科学版），2016（6）.

［77］刘建明，史献芝．新中国公民政治参与模式历史演进的梳

理及启示［J］. 当代世界与社会主义，2010（3）.

［78］刘锦英. 行动者网络理论：创新网络研究的新视角［J］. 科学管理研究，2013，31（3）.

［79］刘锐，刘磊. 权责分立与风险分配：网格化管理困境分析［J］. 求实，2020（6）.

［80］刘伟. 论乡村环境协同治理的行动者网络及其优化策略［J］. 学海，2018（2）.

［81］刘伟. 学习借鉴与跟风模仿——基于政策扩散理论的地方政府行为辨析［J］. 国家行政学院学报，2014（1）.

［82］刘伟忠. 公民政策参与的新视域：基于强势民主理论的思考［J］. 社会科学研究，2009（6）.

［83］刘文旋. 从知识的建构到事实的建构——对布鲁诺·拉图尔"行动者网络理论"的一种考察［J］. 哲学研究，2017（5）.

［84］刘鑫鑫，苏珊珊. 大数据时代社区自治创新发展研究［J］. 电子政务，2018（5）.

［85］卢锋华，王昶，左绿水. 跨越政策意图与实施的鸿沟：行动者网络视角——基于贵阳市大数据产业发展（2012—2018）的案例研究［J］. 中国软科学，2020（7）.

［86］罗峰，崔岩珠. 行动者转译偏差：政策执行何以陷入"困局"？——以S市托育政策执行为例［J］. 甘肃行政学院学报，2020（2）.

［87］吕德文. 治理技术如何适配国家机器——技术治理的运用场景及其限度［J］. 探索与争鸣，2019（6）.

［88］马卫红，桂勇，骆天珏. 城市社区研究中的国家社会视角：局限、经验与发展可能［J］. 学术研究，2008（11）.

[89] 马小娟．西方公共行政理论演进中的公民参与观检视[J]．广东行政学院学报，2010，22（2）．

[90] 毛羽，李冬玲．基于UTAUT模型的智慧养老用户使用行为影响因素研究——以武汉市“一键通”为例[J]．电子政务，2015（11）．

[91] 门理想，王丛虎．“互联网+基层治理”：基层整体性治理的数字化实现路径[J]．电子政务，2019（4）．

[92] 孟令鹏，田萃，许维胜．人工智能赋能城市社区治理的共融模式及其实施路径[J]．上海行政学院学报，2021，22（2）．

[93] 孟天广，季程远．重访数字民主：互联网介入与网络政治参与——基于列举实验的发现[J]．清华大学学报（哲学社会科学版），2016，31（4）．

[94] 孟天广，赵娟．大数据驱动的智能化社会治理：理论建构与治理体系[J]．电子政务，2018（8）．

[95] 米加宁，章昌平，李大宇，等．“数字空间”政府及其研究纲领——第四次工业革命引致的政府形态变革[J]．公共管理学报，2020（1）．

[96] 闵学勤，王友俊．移动互联网时代的在线协商治理——以社区微信群为例[J]．江苏行政学院学报，2017（5）．

[97] 聂磊．“互联网+”背景下的社区云服务的核心与趋势[J]．上海行政学院学报，2017，18（6）．

[98] 牛耀红．社区再造：微信群与乡村秩序建构——基于公共传播分析框架[J]．新闻大学，2018（5）．

[99] 帕特里克·孔奇．政治参与概念如何形成定义[J]．国外政治学，1989（4）．

[100] 庞金友．近代西方国家与社会关系理论的逻辑与特点[J]．天津社会科学，2006（6）．

[101] 钱坤．国家认证能力与城市治理——以网格化管理为中心的分析[J]．现代城市研究，2019（1）．

[102] 钱坤．技术监管：智慧社区大脑新型风险监测与处置模式建构[J]．行政论坛，2020，27（4）．

[103] 钱坤．社区治理中的智慧技术应用：理论建构与实践分析[J]．当代经济管理，2020，42（4）．

[104] 秦上人，郁建兴．从网格化管理到网络化治理——走向基层社会治理的新形态[J]．南京社会科学，2017（1）．

[105] 秦晓蕾．地方政府绩效评估中的有效公民参与：责任与信任的交换正义——以南京市“万人评议机关”15年演化历程为例[J]．中国行政管理，2017（2）．

[106] 渠敬东，周飞舟，应星．从总体支配到技术治理——基于中国30年改革经验的社会学分析[J]．中国社会科学，2009（6）．

[107] 容志．大数据背景下公共服务需求精准识别机制创新[J]．上海行政学院学报，2019，20（4）．

[108] 芮光晔．基于行动者的社区参与式规划“转译”模式探讨——以广州市泮塘五约微改造为例[J]．城市规划，2019，43（12）．

[109] 石刚，李子平．社区智能养老服务系统构建研究[J]．电子政务，2015（4）．

[110] 史云贵，冉连．中国特色公民治理在社会管理创新中运转的可能性与可行性论析[J]．社会科学研究，2014（1）．

[111] 宋俭，张瑞岚．城市老旧社区信息化建设的新探索——

以武汉市发展社区为例［J］. 电子政务，2014（1）.

［112］宋晓娟，王庆华. 智慧社区：主体间新关系与治理新形态［J］. 电子政务，2020（4）.

［113］宋煜. 基层社会管理创新语境下的社区信息化实践研究［J］. 学习与实践，2013（6）.

［114］宋煜. 双重视角下社区信息化顶层设计的模型研究与实践［J］. 学习与实践，2012（2）.

［115］睢党臣，彭庆超. "互联网+"背景下我国城市社区智慧居家养老服务模式的构建［J］. 新疆师范大学学报（哲学社会科学版），2018，39（3）.

［116］孙柏瑛，于扬铭. 网格化管理模式再审视［J］. 南京社会科学，2015（4）.

［117］孙建军，汪凌云，丁友良. 从"管制"到"服务"：基层社会管理模式转型——基于舟山市"网格化管理、组团式服务"实践的分析［J］. 中共浙江省委党校学报，2010，30（1）.

［118］孙立平，王汉生，王思斌，等. 改革以来中国社会结构的变迁［J］. 中国社会科学，1994（2）.

［119］孙萍. 中国社区治理的发展路径：党政主导下的多元共治［J］. 政治学研究，2018（1）.

［120］孙涛，韩清颖. 我国城市社区"网格化管理"建设：国家治理现代化在基层的创新——以广州市越秀区为例［J］. 华东经济管理，2019，33（5）.

［121］孙晓娥. 深度访谈研究方法的实证论析［J］. 西安交通大学学报（社会科学版），2012，32（3）.

［122］孙宇，王金祥. 社区信息化建设的三维视角透析——基

于北京实践的思考［J］. 情报资料工作，2008（2）.

［123］孙宗锋，郑跃平．我国城市政务微博发展及影响因素探究——基于228个城市的“大数据+小数据”分析（2011—2017）［J］. 公共管理学报，2021，18（1）.

［124］谭海波，范梓腾，杜运周．技术管理能力、注意力分配与地方政府网站建设——一项基于TOE框架的组态分析［J］. 管理世界，2019，35（9）.

［125］唐文玉．行政吸纳服务——中国大陆国家与社会关系的一种新诠释［J］. 公共管理学报，2010，7（1）.

［126］唐有财，张燕，于健宁．社会治理智能化：价值、实践形态与实现路径［J］. 上海行政学院学报，2019（4）.

［127］陶希东．大数据时代中国社会治理创新的路径与战略选择［J］. 南京社会科学，2016（6）.

［128］陶振．社区网格化管理的运行架构及其内生冲突——以上海X区Y街道为例［J］. 社会主义研究，2015（4）.

［129］田兰宁．试论信息技术与老龄服务的融合路径［J］. 老龄科学研究，2014，2（12）.

［130］田先红，张庆贺．新时代的互联网与基层社区治理：机遇、挑战与超越［J］. 湖北社会科学，2018（1）.

［131］田毅鹏．网格化管理的形态转换与基层治理升级［J］. 学术月刊，2021，53（3）.

［132］涂晓芳，汪双凤．社会资本视域下的社区居民参与研究［J］. 政治学研究，2008（3）.

［133］汪锦军．公共服务中的公民参与模式分析［J］. 政治学研究，2011（4）.

[134] 汪雷，程小飞．安徽省社区信息化信息采集与共享机制研究［J］．情报理论与实践，2015，38（11）．

[135] 汪仕凯．从国家—社会分析框架到政治社会理论：再论现代国家的政治基础［J］．社会主义研究，2018（3）．

[136] 王斌．基于新媒体的基层治理创新路径：以城市社区为考察对象［J］．暨南学报（哲学社会科学版），2016，38（6）．

[137] 王昌，申子阳，孙晓宁．老年用户智慧医养需求影响因素理论框架构建［J］．情报理论与实践，2020，43（11）．

[138] 王迪．智慧社区发展的未来趋势：从设计本位到生活本位［J］．福建论坛（人文社会科学版），2020（8）．

[139] 王佃利，付冷冷．行动者网络理论视角下的公共政策过程分析［J］．东岳论丛，2021，42（3）．

[140] 王法硕，陈泠．社会治理智能化创新政策为何执行难？——基于米特-霍恩模型的个案研究［J］．电子政务，2020（5）．

[141] 王法硕．省级政府“互联网+政务服务”能力的影响因素——基于30个省级政府样本的定性比较分析［J］．东北大学学报（社会科学版），2019，21（2）．

[142] 王法硕．智能化社区治理：分析框架与多案例比较［J］．中国行政管理，2020（12）．

[143] 王芳，储君，张琪敏．跨部门政府数据共享：一个五力模型的构建［J］．信息资源管理学报，2018，8（1）．

[144] 王宏禹，王啸宇．养护医三位一体：智慧社区居家精细化养老服务体系研究［J］．武汉大学学报（哲学社会科学版），2018，71（4）．

［145］王建生．西方国家与社会关系理论流变［J］．河南大学学报（社会科学版），2010，50（6）．

［146］王菁．呈现与建构：大学生微博政治参与和国家认同——基于全国部分高校和大学生微博的分析［J］．中国青年研究，2019（7）．

［147］王凯，岳国喆．智慧社区公共服务精准响应平台的理论逻辑、构建思路和运作机制［J］．电子政务，2019（6）．

［148］王洛忠，蒋晓飞，庞锐．公共政策过程中公民参与研究的回顾与展望——基于 2003—2017 年 CSSCI 文献的分析［J］．学习与探索，2018（4）．

［149］王洛忠，闫倩倩，陈宇．数字治理研究十五年：从概念体系到治理实践——基于 CiteSpace 的可视化分析［J］．电子政务，2018（4）．

［150］王妮丽．国家与社会关系视角下我国社区治理模式思考［J］．云南师范大学学报（哲学社会科学版），2019，51（1）．

［151］王庆华，盖建泽．城镇社区网格化管理探析——以黑龙江省 W 社区为例［J］．学术交流，2018（8）．

［152］王少泉．数字时代治理理论：背景、内容与简评［J］．国外社会科学，2019（2）．

［153］王巍．国家—社会分析框架在社区治理结构变迁研究中的应用［J］．江苏社会科学，2009（4）．

［154］王雪丽，彭怀雪．非遗扶贫项目合作网络的创建过程与运行机理探究——基于行动者网络理论的分析［J］．江淮论坛，2020（3）．

［155］威尔逊．行政学研究（中译文）［J］．国外政治学．1988

(1).

[156] 翁士洪. 数字时代治理理论——西方政府治理的新回应及其启示 [J]. 经济社会体制比较, 2019 (4).

[157] 吴楠. 推动智能公共服务发展的政府责任 [J]. 福建论坛 (人文社会科学版), 2017 (12).

[158] 吴胜武, 朱召法, 吴汉元, 等. "智" 聚 "慧" 生——海曙区智慧社区建设与运行模式初探 [J]. 城市发展研究, 2013, 20 (6).

[159] 吴晓林. 治权统合、服务下沉与选择性参与: 改革开放四十年城市社区治理的 "复合结构" [J]. 中国行政管理, 2019 (7).

[160] 吴旭红, 何瑞. 智慧社区建设中的行动者、利益互动与统合策略: 基于扎根理论的探索性研究 [J]. 甘肃行政学院学报, 2019 (6).

[161] 吴旭红. 智慧社区建设何以可能? ——基于整合性行动框架的分析 [J]. 公共管理学报, 2020, 17 (4).

[162] 吴莹, 卢雨霞, 陈家建, 王一鸽. 跟随行动者重组社会——读拉图尔的《重组社会: 行动者网络理论》 [J]. 社会学研究, 2008 (2).

[163] 吴元升. 基于结构方程的社区信息化服务满意度模型研究——以安徽省合肥市为例 [J]. 情报杂志, 2011, 30 (9).

[164] 伍堃. 智慧社区建设中政府的主导作用 [J]. 河北学刊, 2013, 33 (5).

[165] 夏建中. 中国公民社会的先声——以业主委员会为例 [J]. 文史哲, 2003 (3).

[166] 肖滨，方木欢．扩大公民有序政治参与的双轨路径——基于中国改革开放以来实践经验的理论分析 [J]. 政治学研究，2017 (4).

[167] 肖林．现代城市社区的双重二元性及其发展的中国路径 [J]. 南京社会科学，2012 (9).

[168] 肖唐镖，易申波．当代我国大陆公民政治参与的变迁与类型学特点——基于 2002 年与 2011 年两波全国抽样调查的分析 [J]. 政治学研究，2016 (5).

[169] 谢新洲．“沉默的螺旋”假说在互联网环境下的实证研究 [J]. 现代传播，2003 (6).

[170] 谢元，张鸿雁．行动者网络理论视角下的乡村治理困境与路径研究——转译与公共性的生成 [J]. 南京社会科学，2018 (3).

[171] 徐珂．居委会能成为社区居民自治组织吧？[J]. 社会，1998 (10).

[172] 徐丽新，袁莉．地方政府数据开放门户的成熟度评估研究 [J]. 图书情报工作，2019，63 (12).

[173] 徐晓林，刘勇．数字治理对城市政府善治的影响研究 [J]. 公共管理学报，2006 (1).

[174] 许峰，李志强．大数据驱动下社区治理模式变革与路径建构 [J]. 理论探讨，2019 (4).

[175] 许文文．超越行动者网络：基层社会治理共同体建构的本土路径——基于社区养老场域的田野观察 [J]. 学习与实践，2021 (3).

[176] 许晓芸．资源短缺抑或资源依赖：智慧社区养老服务的

资源困局［J］. 兰州学刊，2019（5）.

［177］阎耀军．城市网格化管理的特点及启示［J］. 城市问题，2006（2）.

［178］杨敏．作为国家治理单元的社区——对城市社区建设运动过程中居民社区参与和社区认知的个案研究［J］. 社会学研究，2007（4）.

［179］杨欣悦，袁勤俭．行动者网络理论及其在信息系统研究中的应用与展望［J］. 现代情报，2020，40（10）.

［180］杨雅厦．应用大数据提升社会治理智能化水平［J］. 智库时代，2017（1）.

［181］杨雅厦．智慧社区建设对公共服务供给模式的变革及其优化研究［J］. 中国行政管理，2018（11）.

［182］杨宗辉，田野．网格化管理的再思考［J］. 暨南学报（哲学社会科学版），2017，39（12）.

［183］叶岚．城市网格化管理的制度化进程及其优化路径［J］. 上海行政学院学报，2018，19（4）.

［184］叶林，宋星洲，邵梓捷．协同治理视角下的“互联网+”城市社区治理创新——以G省D区为例［J］. 中国行政管理，2018（1）.

［185］郁建兴，关爽．从社会管控到社会治理——当代中国国家与社会关系的新进展［J］. 探索与争鸣，2014（12）.

［186］袁红，李佳．行动者网络视角下突发公共事件的谣言协同治理机制研究［J］. 现代情报，2019，39（12）.

［187］张聪丛，郜颍颍，赵畅，杜洪涛．开放政府数据共享与使用中的隐私保护问题研究——基于开放政府数据生命周期理论

[J]. 电子政务，2018（9）.

[188] 张海波．大数据驱动社会治理[J]. 经济社会体制比较，2017（3）.

[189] 张静．案例分析的目标：从故事到知识[J]. 中国社会科学，2018（8）.

[190] 张磊，刘丽敏．物业运作：从国家中分离出来的新公共空间——国家权力过度化与社会权利不足之间的张力[J]. 社会，2005（1）.

[191] 张楠，赵雪娇．理解基于区块链的政府跨部门数据共享：从协作共识到智能合约[J]. 中国行政管理，2020（1）.

[192] 张鹏．智慧社区公共服务治理模式、发展阻碍及整体性治理策略[J]. 江淮论坛，2017（4）.

[193] 张新生．创新社会治理：大数据应用与公共服务供给侧改革[J]. 南京社会科学，2018（12）.

[194] 张亚楠．论政府数据开放立法的路径及其选择——以《贵阳市政府数据共享开放条例》为例[J]. 中国行政管理，2020（2）.

[195] 赵慧．政策试点的试验机制：情境与策略[J]. 中国行政管理，2019（1）.

[196] 赵金旭，孟天广．科技革新与治理转型：移动政务应用与智能化社会治理[J]. 电子政务，2019（5）.

[197] 赵聚军，张雪莉．城市基层治理中的居民参与与基层管理体制优化——基于四个异质性小区的调查[J]. 中国行政管理，2019（3）.

[198] 赵强．制度压力如何影响地方政府公共服务创新的扩散？——以城市网格化管理为例[J]. 公共行政评论，2015，8（3）.

[199] 赵秀梅. 基层治理中的国家—社会关系——对一个参与社区公共服务的NGO的考察 [J]. 开放时代, 2008 (4).

[200] 赵勇, 曹宇薇. "智慧政府"建设的路径选择——以上海"一网通办"改革为例 [J]. 上海行政学院学报, 2020, 21 (5).

[201] 郑磊. 数字治理的效度、温度和尺度 [J]. 治理研究, 2021, 37 (2).

[202] 郑跃平, Hindy Schachter. 电子政务到数字治理的转型: 政治、行政与全球化——评 *Digital Governance: New Technologies for Improving Public Service and Participation* [J]. 公共行政评论, 2014, 7 (1).

[203] 周光辉, 王海荣, 彭斌. 突出政治功能: 新时代基层党组织建设内涵、意义与实践路径分析 [J]. 理论探讨, 2019 (3).

[204] 周望. 如何"由点到面"? ——"试点—推广"的发生机制与过程模式 [J]. 中国行政管理, 2016 (10).

[205] 周雅颂. 数字政府建设: 现状、困境及对策——以"云上贵州"政务数据平台为例 [J]. 云南行政学院学报, 2019, 21 (2).

[206] 周志忍, 李倩. 政策扩散中的变异及其发生机理研究——基于北京市东城区和S市J区网格化管理的比较 [J]. 上海行政学院学报, 2014, 15 (3).

[207] 朱德米. 公共协商与公民参与——宁波市J区城市管理中协商式公民参与的经验研究 [J]. 政治学研究, 2008 (1).

[208] 朱峰, 保继刚, 项怡娴. 行动者网络理论 (ANT) 与旅游研究范式创新 [J]. 旅游学刊, 2012, 27 (11).

[209] 朱琳, 沈夏燕. 社区信息化对居民满意度影响的实证研

究——以上海市宝山区若干小区为例［J］. 电子政务，2014（2）.

［210］朱琳，万远英，戴小文. 大数据时代的城市社区治理创新研究［J］. 长白学刊，2017（6）.

［211］朱圣明. 民生决策中的公民参与——一个地方乡村治理的新技能与新策略［J］. 公共管理学报，2007（3）.

［212］竺乾威. 公共服务的流程再造：从“无缝隙政府”到“网格化管理”［J］. 公共行政评论，2012，5（2）.

［213］祝灵君. 党领导基层社会治理的基本逻辑研究［J］. 中共中央党校（国家行政学院）学报，2020，24（4）.

［214］祝小宁，袁何俊. 基于网格化管理的突发公共事件预警机制探析［J］. 中国行政管理，2006（10）.

［215］邹凯，刘利，马葛生. 社区信息化建设公众满意度测评研究［J］. 情报杂志，2010，29（11）.

［216］邹凯，马葛生. 基于多层次灰色评价模型的社区信息化绩效评价研究［J］. 情报杂志，2009，28（12）.

［217］左璜，黄甫全. 行动者网络理论：教育研究的新视界［J］. 教育发展研究，2012，32（4）.

四、中文报纸

［1］袁方. 提高社会治理智能化水平［N］. 人民日报，2018-06-20.

五、中文学位论文

［1］吴咨桦. 社区建设中的“国家—社会”互动：互补与镶嵌［D］. 杭州：浙江大学，2014.

六、英文著作

［1］Dunleavy P，Margetts H，Bastow S，et al. *Digital Era Govern-*

ance：*IT Corporations*，*the State*，*and e–Government* ［M］. Oxford：Oxford University Press，2006.

［2］ Latour B. *Reassembling the Social*：*An Introduction to Actor–Network–Theory* ［M］. Oxford：Oxford University Press，2005.

［3］ Milakovich M E. *Digital Governance*：*New Technologies for Improving Public Service and Participation* ［M］. London：Routledge，2012.

七、英文期刊

［1］ Aeron Davis. *New Media and Fat Democracy*：*The Paradox of Online Participation* ［J］. New Media and Society，2009（8）.

［2］ Kakabadse A，Kakabadse N，Kouzmin A. *Reinventing the Democratic Governance Project Through Information Technology* ［J］. Public Administration Review，2003，63（1）.

［3］ Arnstein. *The ladder of citizen participation* ［J］. Journal of the American Institute of Planners，1969.

［4］ Baker C R，Justesen L，Mouritsen J. *Effects of actor–network theory in accounting research* ［J］. Accounting Auditing & Accountability Journal，2011，24（2）.

［5］ Barley S R. *Technology As an Occasion for Structuring*：*Evidence from Observations of CT Scanners and the Social Order of Radiology Departments* ［J］. Administrative Science Quarterly，1986，31（1）.

［6］ Brian S，Krueger. *Assessing the Potential of Internet Political Participation in the United States*：*A Resource Approach* ［J］. American Politics Research，2002，30（5）.

［7］ Bryson J M，Crosby B C，Bryson J K. *Understanding Strategic*

Planning and the Formulation and Implementation of Strategic Plans as a Way of Knowing: *The Contributions of Actor-Network Theory* [J]. International Public Management Journal, 2015, 12 (2).

[8] Chi L, Chan W K, Seow G, et al. *Transplanting Social Capital to the Online World*: *Insights from Two Experimental Studies* [J]. Journal of Organizational Computing & Electronic Commerce, 2009, 19 (3).

[9] Christopher H, Guy P. *The Middle Aging of New Public Management*: *Into the Age of Paradox*? [J]. Journal of Public Administration Research & Theory, 2004 (3).

[10] Coe A, Paquet G, Roy J. *E-Governance and Smart Communities A Social Learning Challenge* [J]. Social Science Computer Review, 2000, 19 (1).

[11] Connor D M. *A new ladder of citizen participation* [J]. National Civic Review, 1988, 77 (3).

[12] Derleth J, Koldyk D R. The Shequ Experiment: Grassroots Political Reform in UrbanChina [J]. Journal of Con-temporary China, 2004, 13 (41).

[13] Hargittai E, Shaw A. *Digitally Savvy Citizenship*: *The Role of Internet Skills and Engagement in Young Adults' Political Participation Around the* 2008 *Presidential Election* [J]. Journal of Broadcasting & Electronic Media, 2013, 57 (2).

[14] Ebdon C. *Beyond the Public Hearing*: *Citizen Participation in the Local Government Budget Process* [J]. Journal of Public Budgeting Accounting & Financial Management, 2002, 14 (2).

[15] Eze S C, Duan Y, Chen H. *Examining emerging ICT's adoption in SMEs from a dynamic process approach* [J]. Information Technology & People, 2014, 27 (1).

[16] Fenwick T J. (un) *Doing standards in education with actor-network theory* [J]. Journal of Education Policy, 2010, 25 (2).

[17] Firmansyah F, Fadlilah K U. *Improvement of Involvement Society in the Context of Smart Community For Cultural Heritage Preservation in Singosari* [J]. Procedia - Social and Behavioral Sciences, 2016, 227.

[18] Gunawong P, Gao P. *Understanding e-government failure in the developing country context: a process-oriented study* [J]. Information Technology for Development, 2017, 23 (1).

[19] Harada K, Hoshino H. *Feasibility Study of Digital Community through Virtual Enterprise Network* [J]. *Digital Cities* Ⅱ: *Computational and Sociological Approaches*, 2002.

[20] He D, Chan S, Qiao Y, et al. *Imminent Communication Security for Smart Communities* [J]. IEEE Communications Magazine, 2018, 56 (1).

[21] Homero, Gil, de, et al. *Social Media Use for News and Individuals' Social Capital, Civic Engagement and Political Participation* [J]. Journal of Computer-Mediated Communication, 2012, 17 (3).

[22] Krueger B S. *Assessing the Potential of Internet Political Participation in the United StatesA Resource Approach* [J]. American Politics Research, 2002, 30 (5).

[23] László Bruszt, Balázs Vedres, David Stark. *Shaping the Web*

of Civic Participation: Civil Society Websites in Eastern Europe [J]. Journal of Public Policy, 2005, 25 (1).

[24] Li X, Lu R, Liang X, et al. *Smart community: An internet of things application* [J]. IEEE Communications Magazine, 2011, 49 (11).

[25] Liang X, Zhang K, Lu R, et al. *EPS: An Efficient and Privacy-Preserving Service Searching Scheme for Smart Community* [J]. IEEE Sensors Journal, 2013, 13 (10).

[26] Michelucci F V, Marco A D. *Smart Communities Inside Local Governments: A Pie in the Sky?* [J]. International Journal of Public Sector Management, 2017, 30 (1).

[27] Pantumsinchai P. *Armchair detectives and the social construction of falsehoods: an actor-network approach* [J]. Information Communication & Society, 2018, 21 (5-6).

[28] Patrick Dunleavy. *New Public Management is Dead -Long Live the Digital EraGovernance* [J]. Public Administration Research and Theory, 2006, 16 (3).

[29] R, van, der, et al. *Ordering, materiality, and multiplicity: Enacting Actor-Network Theory in tourism* [J]. Tourist Studies, 2013, 13 (1).

[30] Robert E. *Park. Human Ecology* [J]. American Journal of Sociology, 1963 (4).

[31] Rosa Borge, Clelia Colombo, Yanina Welp. *Online and offine particiapation at the local level* [J]. Information, Communication & Society, 2009, 12 (6).